资源整合

赢天下

·郑德明⊙著·

白金版

中华工商联合出版社

图书在版编目(CIP)数据

资源整合赢天下：白金版 / 郑德明著. ——北京：中华工商联合出版社, 2016.1
　　ISBN 978-7-5158-1466-7

　　Ⅰ.①资… Ⅱ.①郑… Ⅲ.①企业管理 Ⅳ.①F270

中国版本图书馆 CIP 数据核字(2015)第 240105 号

资源整合赢天下：白金版

作　　者：	郑德明	
责任编辑：	吕　莺　张淑娟	
装帧设计：	虞　佳	
责任审读：	李　征	
责任印制：	迈致红	
出版发行：	中华工商联合出版社有限责任公司	
印　　刷：	三河市燕春印务有限公司	
版　　次：	2016 年 1 月第 1 版	
印　　次：	2024 年 1 月第 2 次印刷	
开　　本：	710mm×1000 mm　　1/16	
字　　数：	280 千字	
印　　张：	16.5	
书　　号：	ISBN 978-7-5158-1466-7	
定　　价：	68.00 元	

服务热线：010-58301130
销售热线：010-58302813
地址邮编：北京市西城区西环广场 A 座
　　　　　19-20 层,100044
http://www.chgslcbs.cn
E-mail:cicap1202@sina.com(营销中心)
E-mail:gslzbs@sina.com(总编室)

工商联版图书
版权所有　侵权必究

凡本社图书出现印装质量问题,请与印务部联系。
联系电话:010-58302915

前　言
PREFACE

　　郎咸平说过：一个人整合能力的大小，决定了成功的大小。

　　我们的身边有很多珍珠，只需要一根线，就能把那些珍珠串起来，做成一条光彩夺目的珍珠项链。这条线就是一种新的思维——整合。

　　什么是"整合"？"整"可以理解为"整顿"、"整理"，"合"则可以理解为"组合"、"合成"等。资源整合就是要优化资源配置，就是要有进有退、有取有舍，就是要获得整体效用最大化。

　　从内容上看，成功的企业并购整合管理系统主要包括战略协同整合、组织结构整合、资产财务整合、人力资源整合、市场资源整合、管理系统整合和企业文化整合等七个方面。

　　如同自然界一样，企业也处在一个生态圈中。要整合，要创新，第一步要先看看自身处于产业生态圈的哪个位置，看看周围都有哪些可供整合的资源。那些快速发展中的成长型企业，在打量产业生态圈的时候，至少可以从线性、立体、时间三种维度进行思考。

　　如今，互联网技术将原本不相干的领域紧密地联系在一起，也就是所谓的"跨界"。与实体商业发展不同的是，由互联网"跨界"而形成的商业模式，会以迅雷不及掩耳的速度蔓延。互联网商业模式的先进性在于不断发掘自身潜力，将电子商务所具备的一切优势都整合于一体，并通过新颖的宣传手段吸引周边资源的"靠近"，从而令自己不断壮大。这是传统商业模式无法做到的。在这种大背景下，企业首先需要解决的是重新审视自己的传统营销思路,并结合新时代的规则挖掘属于自己的新的营销视角。

而对于个人来说,古人言:"下君之策尽自之力,中君之策尽人之力,上君之策尽人之智。"一个人为了能完成自己的事业用尽毕生的精力,这是很难能可贵的。但是,一个人或一个团体,只靠自己本身的努力是不够的,特别是在当今社会科学技术高度发达的情况下,一个人或一个团体所掌握的科学技术知识极其有限,在某些科学技术乃至具体工作环节上,哪怕是最杰出的人物或团体,亦不可能独自完成,必须要借助别人的力量才能攻克。这时,就需要学会资源整合。

今天的时代,是复合型人才、复合型技术绘制前景的时代。也许我们个人的某个优势、某些元素并不足够优秀,可只要能把各种有效优势、元素的优质环节加以创造性组合模式整合,就能创作出一部划时代的畅想作品,创造无与伦比的经典奇迹。同样,在创业与工作的任何环节,都必须具备综合技术或整合能力。如果不具备或掌握多种单元技术,没有丰富的素材积淀作为基础,就很难成就重组、整合的经典奇迹。

本书是《资源整合赢天下》的升级之作,距离原作出版的时间已经过去了两年。两年里,作者厚积薄发,精心研究互联网时代的前沿整合技术、管理方法。和原作相比,本书不仅仅局限于成长中的中小企业,而是创造性地将资源整合的方法综合运用于整个企业系统,实现企业现有资源的优化配置,凸显了整合管理不同于其他管理的特征,同时也紧密结合互联网时代,提出了在移动互联网营销新视角下的新整合思维。希望企业尽快转型,深度参与到这场"整合革命"中来,深入地掌握整合共赢之道,也希望每一位梦想成为管理者和有志于成功的朋友,学会整合身边的资源和智慧,降低风险,早日寻找到属于自己的成功之道。

目　录
CONTENTS

众所周知，当你行走的方向背离你要去的目的地时，走得越快，你离目的地也就越远，而这个"方向"、这个"目的地"的设定就是"战略"。企业首脑的首要任务就是设定"目的地"，让全体员工知道应该往哪个"方向"走。

人力资源部门作为企业人力资源工作最重要的内部运行机构，其自身的工作质量和效率如何，对整个企业的人力资源工作都会产生重要的影响。如今，越来越多的企业开始重视人力资源整合，通过人力资源整合经验的分析总结找到有效的整合对策。

第三章 互联网思维:跨界整合与自我革命 ·············· 62

　　互联网商业模式的先进性,在于不断发掘自身潜力,将电子商务所具备的一切优势都整合于一体,并通过新颖的宣传手段吸引周边资源的"靠近",从而令自己不断壮大。这是传统商业模式无法做到的。

第四章 移动时代,整合营销赢天下 ························· 84

　　今天,我们能够深刻地体会到,移动互联网正不断"侵占"我们的时间和注意力,公司、家里、上下班路上,人们随时随地都在用各种移动设备浏览移动互联网。这种大背景下,企业首先需要解决的是重新审视自己的传统营销思路,并结合新时代的规则挖掘属于自己的新的营销视角。

第五章 经验整合,提供更好的创新模式 …………… 112

通过资源整合提供更好的公共价值,进而创新形成商业模式,这是中国商业发展中新的发展战略。这些整合当然不是只能单一进行,也可以组合使用。在模式创新上,价值的再造和共同体之间的平衡一定是新模式成功的关键。

第六章 整合信息数据,做好知识管理 …………… 146

在组织中建构一个量化与质化的知识系统,让组织中的资讯与知识透过获得、创造、分享、整合、记录、存取、更新、创新等过程,不断地回馈到知识系统内,形成永不间断的、累积个人与组织的知识,成为组织智慧的循环,在企业组织中成为管理与应用的智慧资本,有助于企业做出正确的决策,以适应市场的变迁。

第七章 整合渠道,为企业开辟生命线 ·············· 175

随着市场经济的深入发展,企业越来越明显地感受到销售的艰难,都知道"只有把产品销售出去才是硬道理",渠道的作用日益凸显。

第八章 学会整合,为你的人生增值 ·············· 205

社会分工精细,一个人或一个团体所掌握的科学技术知识是极有限的,在某些科学技术乃至具体工作环节上,哪怕是最杰出的人物或团体,亦不可能独自完成,必须要借助别人的力量才能攻克。

第九章　管理的核心——团队资源的有效整合 ……………… 226

　　管理与时俱进,认识与时更新。计划、组织、指挥、协调和控
制行为活动本身并不等于管理,管理的核心在于对现实资源的
有效整合。

第一章

战略整合,
决定企业的未来

　　众所周知,当你行走的方向背离你要去的目的地时,走得越快,你离目的地也就越远,而这个"方向"、这个"目的地"的设定就是"战略"。企业首脑的首要任务就是设定"目的地",让全体员工知道应该往哪个"方向"走。

　　战略整合,就是将战略的各个方面按系统原则进行有机的动态组合与调整,使之能够适应不断变化的内外形势的过程。

1

1.何为战略整合?

企业战略整合是指主并购企业在综合分析目标企业情况后,将目标企业纳入其战略之内,使目标企业的所有资源服从主并购企业的总体战略以及为此所做的相应安排与调整,使购并企业的各业务单位之间形成一个相互关联、互相配合的战略体系,从而取得战略上的协同效应的动态过程。

具体包括以下几方面内容:

(1)企业使命和目标整合

企业使命是企业存在理由的陈述,它回答了"我们的业务是什么"这一问题。企业目标是企业在未来一定时期内,为实现其使命所要达到的长期结果,它主要解决"我们要成为什么"的问题。一般而言,企业使命与目标是不完全相同的,即使是生产经营相同产品、提供相同服务的企业。

因此,不同使命和目标的企业并购,必然会产生摩擦和冲撞(有时候甚至是巨大而剧烈的),面临企业使命和目标的重构问题(特别是跨国、跨文化并购整合),一旦处理不好,就会使合并后的新企业无法把握发展方向和经营重点而误入歧途。

(2)企业总体战略整合

企业总体战略(即公司战略)是为适应未来环境的变化,对企业全局的长远性谋划,主要解决"我们应该做什么业务"、"我们怎样去管理这些业务"之类的问题(即解决企业的经营范围、方向和发展道路问题)。企业总体战略整合,就是根据并购后的企业使命与目标,对购并企业所做的全局性、长远性谋划,明确购并企业在整个战略整合体系中的地位和作用,对购并企业的总体战略进行调整、融合与重构,以确定新企业的经营范围、方向和道路的过程。

由于并购后,购并企业所面对的内外部环境都发生了变化,要保持企业与外部环境的动态平衡,需对购并企业的总体战略进行相应的整合与重构,把目标企业及正在出现的新机会和潜在威胁纳入战略调整范围之内,否则,会因购并双方战略的不匹配导致并购后的新企业经营范围定位失误,经营方向迷失,影响企业的价值创造。

(3)企业经营战略整合

企业经营战略是在企业总体战略指导下对战略经营单位的生产经营活动所做的谋划,主要是如何在特定的产业或市场中去参与竞争,改善自身的竞争地位,赢得竞争优势。经营战略整合就是以提高企业整体的盈利能力和核心竞争力为目的,对购并企业的经营战略进行调整、磨合和创新的过程。

(4)企业职能战略整合

企业职能战略是在企业总体战略和经营战略的指导下,为贯彻、实施和支持企业总体战略、竞争战略及其战略目标,由各职能系统分别为其特定职能领域而制定的战略,是由多个职能战略构成的互相适应、互相促进的职能战略体系。职能战略整合是指在总体战略和经营战略的指导下,购并企业的职能战略融合为一个有机职能战略体系的过程,而且通过这种整合,可以确保企业总体战略、经营战略的顺利实施和企业战略目标的实现。它是总体战略整合和职能战略整合的具体实现,给企业总体战略整合和经营战略整合以支持、支撑和征询,并产生向上的推动力。总体战略整合和经营战略整合则给职能战略整合提供指导与建议,统领和决定职能战略整合,同时产生向上发展的张力。因此,这些战略整合形成了互相适应、互相配合、互相促进的动态协作关系。

具体来说,职能战略整合主要有产品战略整合、市场营销战略整合、生产战略整合、研发战略整合、人力资源战略整合、财务战略整合等,还包括技术改造、国际化经营、企业结构调整、企业形象等战略整合。如人力资源战略整合可以通过做好目标企业主管人员的选派工作、加强购并企业的沟通与交流、制定稳定的人力资源政策、优化人力资源配置等措施,运用"平滑过渡、竞争上岗、择优录用"的方法,坚持以人为本、成本一收益、权变等原则,实现人力资源整合。又如企业结构战略整合可以运用企业结构的"决策一执行一运转"模型实现购并企业治理结构、企业组织结构、企业业务流程三者之间的高度融合与无缝对接。

总而言之,企业职能战略整合不仅是对个别或几个职能战略进行简单的拼凑与捏合,更是对企业的职能战略体系进行系统化的融合与整体优化,是一个非常复杂的系统性工作。因此,必须由中层管理者根据并购后新企业的使命与目标、总体战略、经营战略,运用科学的方法与技巧,采取有效的措施才能实现职能战略的真正融合。

2.一个"动态"的阶梯

战略整合要把握外部环境的变化及其变化趋势,相应地优化内部资源配置,从而取得内部资源与外部环境的协调,实现企业持续、快速、稳定的发展。企业战略是一个完整、有机、周密的系统。战略的制定很重要,但战略的动态控制更不可或缺。没有战略规划不行,但死守战略规划而不能根据变化的情况进行动态整合则更糟。因为无论是长远战略还是当前战略,都是根据当时当地的具体情况来制定的,在当今经济形势瞬息万变的境况下,战略的动态整合尤显必要,我们称之为"战略动态整合生存"。

第一章 战略整合,决定企业的未来

一般认为,企业战略整合是企业最高管理层根据企业的宗旨和对企业内外部环境的分析,确定企业的总目标和发展方向,组织企业的人、财、物资源,实现企业总目标的谋划。可见,企业战略也就是企业管理的科学与艺术。企业的战略整合,就是企业最高管理层对企业战略的设计、抉择、实施等管理活动的最优化综合。

现代世界经济一体化趋势日渐明显,各国对外开放程度不断扩大,新技术革命使得产品和技术更新的速度加快,企业所面临的是一个高度复杂和变化的生存环境。为了生存与发展,企业必须对内部和外部的各种信息运用软科学技术进行分析,然后决策出未来的发展方向。把握外部环境的变化及其变化趋势,相应地优化内部资源配置,从而取得内部资源与外部环境的协调,实现企业的发展。这便是战略整合。

因此,我们一定不要将战略整合看得过于神秘而畏难发愁,也不要将战略整合看得过于简单而企图一蹴而就。

企业战略整合是知识经济时代日趋激烈的市场竞争的产物,它要求管理者站在全局的高度,把握未来环境的变化,通过强化自身优势,取得内部资源与外部环境的动态平衡,以取得长远发展。

作为一种新的管理方式,企业战略整合有以下一些特点:

第一,战略整合是以市场为导向的战略管理。它非常强调对企业外部市场环境的变化及其趋势的把握,要求应用现代软科学技术对企业外部环境的信息进行采集、分析。

第二,战略整合是有关企业发展方向的战略管理。它特别注重企业未来总体的发展方向,如企业新的经营领域应该采取哪些战略步骤,这要求企业决策者根据内部与外部信息进行决策,是战略整合的关键。

第三,战略整合是面向未来的战略管理。换句话说,战略整合既关注企业的眼前利益,也关注整合企业的长远利益。

第四,战略整合是使内部资源与外部环境相协调的战略管理。企业通过对外部环境因素进行分析,对环境变化进行预测,通过企业内部资源的调整、优化以及取得新的资源等措施,力求在未来时期企业与环境相协调。

企业战略整合是企业在激烈竞争条件下的一种选择,这种整合具有以下几方面作用:

第一,战略整合能够促使企业管理者密切关注外部环境变化,及时抓住企业发展的宝贵机遇,主动迎接未来的挑战。

第二,战略整合有利于企业内部资源的优化配置。企业只有实施有效的战略整合,才能将企业的各种资源统一到企业战略之下,从而避免出现资源分配与工作重点安排上的冲突。

第三,战略整合对企业内部各部门、各环节的高效运行起导向作用,有利于发挥组织的协同作用。

有学者形容,战略整合是一个"动态"的阶梯。

(1)战略整合阶梯第一级:业务流程整合

随着知识经济的到来,业务流程整合已成为我国企业战略变革的核心领域。业务流程整合是为了在衡量绩效的关键指标上取得显著改善,从根本上重新思考、彻底改造业务流程的过程。其本质特征有:出发点是顾客的需求;整合对象是企业的业务流程;主要任务是对业务流程进行根本性反思和彻底的再设计,重新组合业务流程要素;目标是绩效的巨大飞跃。

(2)战略整合阶梯第二级:人力资源整合

在知识经济时代,最重要的经济资源是知识、科技和智力,但归根结底是人力资源。从企业来看,人的独特性、不可替代性与不可模仿性决定了人力资源是直接构成企业核心能力的关键性战略资源,"以人为本"的管理将主导二十一世纪管理的新潮流。因此,我国企业要从战略的高度来制定人力资源获取、利用、保持和开发的系列整合策略,构建人力资源的整合与管理体系。

(3)战略整合阶梯第三级:企业文化整合

在知识经济环境下,企业竞争的核心已转向知识的竞争,转向企业文化的竞争。战略整合不仅仅是企业有形资源的简单合并,更重要的是以企业文化为中心的无形资源的优化整合。

(4)战略整合阶梯第四级:市场营销整合

在新世纪,企业需从知识营销、服务营销、关系营销、内部营销四个方向迅速构建和实施全新的营销整合策略,展开市场营销大攻略,以更新核心能力,培育顾客忠诚,提升员工素质,最终达到巩固国内市场、开拓国际市场、实现全球经营的战略目标。

3.细化整合——总体战略

总体战略整合,主要是根据企业内外环境条件的变化情况,及时调整企业经营范围和事业结构,改善经营状态,开发新的经济增长点。总体战略整合的主要内容有:总体战略选择,其核心问题是基本战略的选择;经营范围设定,其核心问题是专业化经营还是多元化经营;新颖事业战略,其核心问题是新颖事业的开发方向和成功概率分析。

(1)产品市场分析

通过各事业或产品的市场动向、经济性、竞争动向的分析,为事业或产品组合分析提供数据。

(2)事业组合分析

事业组合分析是通过定性和定量分析结果,对现有事业进行战略定位,进而根据事业定位并参照事业结构合理组合的原则,制定公司的事业结构及基本战略方向,是企业制定和实施战略计划的有效方法。

①两个因次:事业组合分析的具体思路和方法是用两个尺度在平面图上确定各事业位置。其一因次是环境变化趋势,用市场魅力度表示,是他律要因。其二因次是与竞争对手搞差别化,用企业的强弱度来表示,是自律要因,复数评价尺度。

②组合原则:事业(产品)结构的核心是合理性问题。要制定合理的事业结构,必须根据产品市场和事业结构的分析结果,对照事业结构合理组合的原则,提出存在问题,探讨改进思路。事业结构合理组合的原则主要有:事业组合必须具有经营特色,主次分明;事业组合必须有销售增长率高、市场占有率高、盈利能力高而又有发展前途的主力事业;事业组合必须同时具有冒险事业、名牌事业和赚钱事业;事业组合应该在设计、生产和销售上具有关联性,充分利用企业资源;事业组合应该保持生产经营的稳定性,比如大批量生产产品和小批量生产产品、按合同生产产品和预测生产产品之间的互相搭配,以提高企业经营的稳定性。

(3)战略方案拟定

根据企业基本战略方向,拟订总体战略的多种方案,并经与目的函数进行比较和平衡,最后根据企业人、财、物的有限资源,在基本战略的多种方案中选定战略方案。随目的函数设定的不同,方案的组合会不一样,企业财务内容的变化也很大。企业根据经综合调查所拟定的目的函数进行事业平衡。

(4)实施计划编制

根据企业总体战略方案,编制长期战略计划,包括项目计划。

一般情况下,一个企业可以通过不同的途径实现自己的目标。企业的战略表明企业在复杂的总体环境中如何定位,表明企业在相应的内部和外部环境因素的制约下如何采取行动。所以,企业战略清楚地表明企业的管理者为了实现企业的目标将会如何管理。在这个意义上,企业战略是实现企业目标的工具,它有助于人们理解企业在特定的条件下将会采取什么行动、为什么要采取这样的行动,有助于企业使自己的行动合理化。作为最早接受企业战略这一概念的企业之一,通用电气公司将企业战略看作关于如何分配和运用自己的资源来利用机会、减少威胁,以实现既定目标的声明。这种观点强调的是企业为了强化自己的地位,应当采取什么样的行动。

这种观点表明,企业战略必须解决企业始终面临的四个管理问题。

第一,面对条件变化带来的威胁,企业应当做出什么样的反应,以利用新的机会,减少外界条件变化带来的不良影响。

第二,在不同的业务、不同的部门、不同的行动之间,企业应当如何分配自己的资源。也就是说,当企业的资源有限时,企业必须将自己的有限资源优先分配给哪些方面。

第三,在企业从事的行业中,企业应当如何与每一个同行企业竞争。如怎样打入市场,怎样争取顾客,应当突出顾客的哪些需要,用什么样的技术向市场提供哪些产品,等等。

第四,为了贯彻实施总体战略,企业应当在每一项业务范围内管理好主要的职能部门和生产经营部门,以使企业内部的每一个单位都能为企业总体战略的实施而努力。

制定企业战略时要注意企业战略的情景性和变革性。

企业战略的情景性是指企业战略受到企业总体环境的制约,因而战略的制定必须注意企业在总体环境中的企业定位。环境对不同的企业有不同的作用,即使是处在相同的环境之中,对一个企业适用的战略也不一定适用于另一个企业。在不同的时期,环境对企业战略的影响也会发生变化。

企业战略的变革性是指企业战略的制定要随着客观环境的变化而变化,使企业战略始终与企业环境的变化相适应。

可见,企业战略的变革性来源于企业战略的情景性,企业环境的变化必将引起企业战略的变化。所以,企业必须不断调整自己的战略,这种战略的调整就是安排企业总体战略的细化整合。

4.衔接整合——分类战略

企业分类战略,是企业各事业单位的战略,实际上就是产品市场战略,它是实现企业方针目标的手段。因此,企业产品市场战略的制定必须围绕着企业的方针目标,并根据总体战略所规定的战略框架,系统地分析企业的产品和市场情况,寻找产品发展的关键因素,拟订具体方案。其核心是产品结构计划,即把现有的产品结构改变为未来合理的产品结构。

企业分类战略的划分如下:

按企业战略起点,即发展态势划分,有三类战略:

(1)发展型战略,也叫增长型战略,就是在现有基础上向更高水平发展的战略。适合于企业生产的产品近期和远期需求量都很大,竞争不激烈或竞争对手少,且竞争实力较强的情况。

(2)稳定型战略,即维持现有水平的战略。包括两种具体情况:一是"稳中待进"战略,即企业经过一定时期的高速增长后,需要进行调整和提高,积蓄力量,以便继续前进;二是"稳中待退"战略,即企业因产品的市场需求已经饱和,市场竞争激烈,继续扩大市场的可能性较小,企业选择维持原有水平的战略。

(3)紧缩型战略。当企业所生产的产品市场需求下降,产品进入衰退期,或者资源枯竭,已不能正常供应时,企业则可果断地实施减量经营战略,即该产品逐年减产最后停产的战略。

按竞争态势划分,有四种战略:

(1)进攻型战略,又叫优势经营战略,就是利用本企业在某一方面或某几方面的优势,主动出击,战而胜之的战略。

(2)赶超型战略。本企业在某些方面虽不如对手,却不甘落后,千方百计改变自己的劣势地位,创造条件努力赶上和超过对手的战略。

(3)防御型战略,也叫退却型战略,就是本企业在某些方面不如对手,也暂时不具备条件追赶对手时,从某些经营领域或某些市场撤退,而固守在另一经营领域或另一市场的战略。

(4)转移型战略,即本企业在原有经营领域和原有市场上,已无法与对手竞争,主动放弃该经营领域和该市场,而转向开辟那些不为对手所注意或无暇顾及的新的经营领域,开辟新的市场的战略。

按战略中心划分,有三种战略:

(1)低成本战略,也叫大批量生产战略。由于生产批量大,能获得规模效益,即降低成本,从而降低产品价格,使产品在市场竞争中能够以廉取胜。只有近期和远期需求量都很大的产品,才适合选择这一战略。

(2)差异化战略。企业努力寻求在产品的功能与外观、产品的服务和产品的市场营销等方面与竞争对手有所差异,以自己的特色和优势来吸引顾客的战略。实施差异化战略,就是产品及其营销的特色化战略,努力使企业以特殊取胜或以奇取胜。

(3)重点化战略。即将企业经营目标集中到企业总体市场中的某一部分细分市场上,以寻求在这部分细分市场上的相对优势的战略。

过去,战略方面取得的"进展"多是些意义含糊的东西,甚至一些具有合理性的概念,像产品生命周期、经验曲线、产品组合和总体战略等,也常常具有副作用,如降低管理层可能考虑的战略选择(方案)数目、往往葬送而不是保护事业、产生的战略具有可预见性而使对手能轻易地破解等等。

一个企业可能拥有40种事业,却仅有4种战略——投资、保持、收获和撤出。很多时候,战略只是被看作是一种市场定位实践或操作。这样,企业只有根据战略是否适合当前行业结构来选择相应的战略。但是,现在的行业结构反映了行业领先者的长处所在,按照行业领先者的规则行事,通常是竞争自杀。在此,我们也可以看出战略整合的重要性。

大多数战略分析工具都只强调国内分析,很少有什么战略概念能驱使经理人员真正考虑全球机会与威胁。例如,组合战略按一系列事业而不是地理市场来描绘高级管理层的投资选择,其结果是可预见的:当某项事业遭受来自国外竞争者的冲击时,采用组合战略的企业的对策一般是放弃它而进入别的全球竞争力量不那么强大的领域。短期看来,这可能是对竞争力衰退的适当反应,但以国内竞争为导向的企业会发现,可供保护的事业将越来越少。不能够有预见性地进行战略整合是很危险的。

通过产品市场分析,企业能够找出本行业中具有战略意义的产品和市场及其应采取的竞争手段,从而明确本行业的成功关键因素。

企业资源能力整合的首要问题,是要明确什么是企业的重点能力和如何加强重点能力。企业所需的重点能力是由企业的产品市场战略来规定的。根据企业主要产品的生命周期,并对照产品生命周期的标准战略,明确主要产品所需的重点能力和战略方向,并与同行业先进企业比较,评价企业能力的优、缺点和所需能力的水平及可能性。

在产品市场战略所需资源能力分析中,与竞争企业和同行业先进企业相比较,是评价企业能力和判定产品市场所需资源能力水平及其实现可能性的重要尺度之一。一般来说,对竞争企业要调查其战略特色、企业能力、经营资源和经济效益;对同行业先进企业则要调查其开发能力、生产能力、销售能力和综合管理水平。

通过分步战略的衔接整合,将分步战略有机地整合,形成有内在联系的整体,以避免衔接失当而使战略方向走偏。

5.协调整合——职能战略

职能战略是企业总体战略和分战略按其相应职能部门的落实和具体化,明确各相应职能部门应采取的具体措施,即加强哪一些重点职能,改善哪一些薄弱职能,创建哪一些与竞争对手有差别的新职能。

企业职能战略是为贯彻、实施和支持企业总体战略与企业经营战略而在企业特定的职能管理领域制定的战略。企业职能战略的重点是提高企业资源的利用效率,使企业资源的利用效率最大化。在企业既定的战略条件之下,企业职能部门根据企业职能战略采取行动,集中各部门的潜能,支持和改进企业战略的实施,保证企业战略目标的实现。与总体战略或经营战略相比较,企业职能战略更为详细、具体。它由一系列详细的方案和计划构成,涉及企业经营管理的所有领域,包括财务、生产、销售、研究与开发、公共关系、采购、储运、人事等各个部门。实际上,企业职能战略是企业经营战略的自然延伸,它能使企业的经营计划更为可靠、充实与完善。企业职能战略明确地表明了每一项主要的经营业务活动与整个经营战略之间的关系,因而具有重要的意义。如果能够充分地发挥各职能部门的作用,加强各业务部门的合作与协调,顺利地开展各项业务活动,特别是那些对于战略的实施至关重要的业务活动,就能促进企业经营战略实施的成功。企业组织目标的完成,需要企业内的所有人员按照管理体制的要求进行合理的分工,形成不同的部门和岗位,分别承担为完成企业总体目标所分配的义务。管理组织机构首先要规定为完成组织的目标,需要设置哪些部门以及岗位,其次要规定该部门或岗位对组织目标的完成承担什么样的目标责任(不单纯是某一件具体工作)。在管理组织中,之所以需要设置某个部门或岗位,是期望其完成组织预定的目标责任。显然,没有明确的目标责任的部门或岗位,是不需要的、多余的部门或岗位。

有的企业在设置组织机构时不大考虑本企业的特点和经营目标;有的企业要进行组织机构调整,恨不得马上画出一张调整后的组织机构图;有的企业喜欢赶时髦,生搬硬套地仿效别的企业组织机构。这样做,在决定组织机构时,将会出现"公说公有理、婆说婆有理"的状况,议而难决;即使决定了,实施起来也会很困难。如果把企业的经营状况、事业构成特征、企业发展目标搞清楚,以有效地实现企业经营目标为前提,来设置企业的组织机构,那么,上述问题将迎刃而解。在编制战略规划时常犯的错误是简单地运用企业的综合数据,忽略了对综合数据进行具体的分解。企业的综合数据是由企业不同部门的数据组合而成的,它不仅无法反映各部门的具体情况,还有可能掩盖不同部门之间的差异。

所以,在整合战略规划时,不仅要分析整个综合数据,还要将综合数据分解为有意义的组成部分。在战略规划的整合过程中,企业的高层管理者首先要根据企业的资源、目标和发展方向,重新评价和确定各经营单位的战略框架,然后各级管理人员共同参与战略整合。在战略整合过程中产生的矛盾和各单位提出的新建议,都需经过协商解决。当战略整合过程中发现需要建立新的经营单位时,新单位的战略细节及其与企业总体战略之间的协调将由企业最高管理层负责。

6.一个持续的过程——如何做到战略的最优化?

企业战略整合是一个持续的过程。这包括两层含义:一方面,由于企业战略具有长远性,必须经过一定时期的努力,才能最终实现企业的战略目标。不可能设想企业能够毕其功于一役,在一夜之间就实现战略目标。因此,企业战略整合是一个持续的过程。另一方面,企业战略整合反映在战略规划、战略实施、战略控制等不同阶段,其中每一个阶段又包含若干步骤,如企业环境研究、企业分析、战略目标的设置、战略计划的制定、战略决策、战略实施与战略控制等。战略整合过程的各个阶段和步骤是不断循环和连续的,是一个连续不断的分析、计划与行动的过程。在理想的情况下,企业的总体战略、经营战略和职能战略是在企业的每一位管理者都确信自己详细了解其工作职责范围的基础上制定的,各自都能够与整个企业的计划相吻合。因此,在企业中,特别是在那些实行多种经营的大型企业中,需要有许多不同层次的战略,逐层为下一层次的管理者提供更为详细的战略指导。

具有传统品牌魅力的青岛啤酒在1998年7月对外公开宣称"一统鲁啤"。为推进市场提升,青岛啤酒早已在积蓄内力。1996年,青啤公司进行调整,1997年打基础,1998年大力发展,目标指向成为中国最大的啤酒集团,并且预定在21世纪初,啤酒产量达到200万吨,进入世界啤酒品牌十强。

何为"一统鲁啤"? 所谓"一统鲁啤",就是充分利用青岛啤酒的品牌资产去兼并、收购,其他啤酒厂不打青岛啤酒的牌子,但由青啤集团统一技术监制。被兼并的啤酒厂仍生产适合当地人口味的啤酒,并作为地方品牌限于属地销售。"青岛啤酒"只能是用崂山水在青岛本部生产,因为青岛啤酒作为中国的世界名牌,在国内外的消费者心中,形象已成定位。注入青啤的一部分品牌的当地啤酒,打上"青岛啤酒系列产品"的字样,共同享有青岛啤酒的品牌。"青啤大家族"系列酒的理念是"中庸之道"思想的巧妙运用。倘若做一下比较,美国啤酒公司的做法是不断推出新牌子,再伴以巨额的广告投入;日本的做法是品牌既定,不断推出酒种,比如,日本市场的男士酒、女士酒和春、夏、秋、冬四季酒。青岛啤酒集团不推新品牌,不出新酒种,而是发展以青岛啤酒为中心的系列酒的"民族大团结"。

1997年底,青啤集团兼并了具有6万吨生产能力的平度啤酒厂,收购了具有3万吨生产能力的日照啤酒厂。1998年,又与"南极洲"、"菏泽"、"平原"等地方啤酒厂签署了合作意向,洽谈的还有"东方"啤酒,把这些啤酒厂统于青啤集团麾下,在山东形成了包围圈。

青岛啤酒无形资产与这些品牌的地方优势充分的结合,提高了原产品的市场占有率,扩大了青岛啤酒的规模,全方位地占领了山东市场。至此,青岛啤酒多品牌系列酒的构想已具雏形。

当企业战略的各个部分与层次相互配合、密切协调时,就能增强企业的凝聚力,也就能最为有效地贯彻与实施企业战略。职能战略与经营战略的协调一致能够大大增强经营战略的力量。同样,协调企业经营战略的各个要素,集中各职能专家等不同意见,能够极大地改善和强化企业总体战略。因此,将战略的不同部分和层次之间的关系看作将企业的不同活动从观念上统一起来的黏合剂,看作使战略有效地发挥作用的合力,对于有效地实施战略整合是十分有益的。从企业不同层次战略之间的关系中可以看到,一个企业的战略应该是整个企业各种战略的总和,也就是为了完成企业目标而采取的决策和领导行为的总和。每一项经营管理活动,乃至每一位管理人员,都构成了企业战略管理的一个侧面。正是通过对企业战略的有关目标、方法、实践、方针和约束条件的分析、研究、相互交流与协商,并达成一致,将企业经营管理中一切特殊的方面结合在一起,形成了一个具有不同层次的战略网络。

在此需要强调的一点是:对于大多数企业家来说,较之制定企业战略规划,他们不得不将更多的时间用于把战略计划付诸行动,设法使其在客观条件的允许下顺利地运行。

在企业战略实施的过程中,一个企业家有四项重要的任务:

第一,确认实施所选择的战略对行政管理的要求,探明企业战略的实施过程中将产生的问题。

第二,协调企业战略与企业的内部组织行为,使之相互适应。

第三,推进战略实施过程。

第四,监督战略实施过程。

这四项任务可以转化为五项战略管理工作:

第一,建立一个有能力贯彻实施战略计划的组织体系。

第二,分配企业资源,将企业主要能力集中于企业的战略目标。

第三,激励职工为实施确定的企业战略计划而努力。

第四,为企业的战略活动建立内部行政保障系统。

第五,实现战略领导,采取行动,改进战略的实施。

然而,上述这一切都离不开技术和艺术的整合,特别是在当前资源使用对所有企业来讲既平等又不平等的情况下,更是如此。说平等,是因为大家都面对同样的资源,特别是对于信息与知识方面;说不平等,也主要是在这些无形资源上,这些无形资源都具有"谁用是谁的"的特性,你注意不到这些资源的存在,或者注意到了它们的存在又不会使用,只好听任其流失。这也是目前人们起劲地鼓吹注意力经济的主要原因。

企业战略的最优化是每个企业家都梦寐以求的结果,但能否做到最优化却很难说,这需要企业家必须具有系统的观点、动态的观念,能够熟练运用整合技术和整合艺术,这样才能使企业的战略时刻处于相对最优化的状态。

著名心理学家荣格有一句经典名言:"一个人毕其一生的努力就是在整合他自童年时代起就已形成的性格。"这是一个人成长过程中标杆式的一句话。同样,企业或者任何组织在其发展的整个过程中,毕其全部的努力就是在整合它自创业阶段就缺乏的资源。

前人的智慧和光芒总能指引我们走上更为宽阔的大道。世界营销大师杰·亚布拉罕说:"假如只留下一个策略用来经营下半生,那就是资源整合。"

首先,任何一个企业,尤其是初创的企业,资源不足都是非常正常的现象。

人才不足就整合人才,中信集团公司收购德国汽车有色合金铸件供应商KSM公司,看中的不仅仅是德国企业的品质,更是德国制造企业的人才;品牌不足就整合品牌,作为世界三大计算机生产企业之一,联想有市场,但是一直没被中高端用户认同,就是因为品牌价值过低,收购IBM的PC部门获得thinkpad品牌是他们整合的最直接目的;资金不足就整合资金,富士康入股夏普就是此例;规模不足就整合规模,分众传媒和聚众传媒就是此例。

因此,我们可以说,做企业就是在寻找资金,寻找项目,寻找渠道,寻找客户,寻找合作伙伴,有的时候还在寻找杰出的人才。这一切资源的整合构成了企业的经营。

不管你是什么样规模的企业,总会在前行的路上遇到障碍,此时,你最需要的就是借助别人的手帮你把障碍清除,整合各方资源成为不二之选。

其次,老板并非万能。

我们每一个人都有自己不擅长的地方,就算你是一个拥有1000万甚至1亿资金的老总、董事长,你也不可能是万能的,你仍然需要副总、人力资源总监、行政主管这些人,你仍然需要这些人所掌握的专业资源。学会整合,可以把50年的梦想在5年内实现;不会整合,5年的目标,努力50年最终也未必能实现。作为一个企业的核心,老板是这个企业战略的制定和执行者,同时也是企业价值观的体现者。有句话说家和万事兴,其实企业也是如此,和谐的企业文化和高度认同的价值观是维系企业发展的重要因素。

7.企业组织整合五阶段

企业在不同的发展阶段具有不同的实力,对环境的适应力和回应方式也不尽相同。实力弱、规模小的企业受环境影响波动较大,必须适应环境随时的变化,体现出灵活迅捷的回应方式;实力强、规模大的企业一向都设有多层组织机构,对环境变化的适应相对较慢,内核比较稳定,但它抗环境变化的力量很强,实力超强的组织甚至可以运用其经济、团队或技术上的力量,人为改变局部环境,使其对本组织有利。因而,在不同的发展阶段,企业的组织设计必然不同。

组织生命周期理论指出,组织在其生命周期中分为创业阶段、发展阶段、规范化阶段、成熟阶段和衰退期五个阶段,各种阶段中组织的战略性人物和组织效益衡量模式都各不相同。

(1)创业阶段的组织整合

在组织的创业阶段,革新、创造和开拓资源是极为重要的,因而,获得内外有关方面的支持是极为关键的。同时,对组织的灵活性要求也被提出了。此时,营销组织规模极小,有时甚至由企业家自身承担;寻找合适的产品和有发展前途的市场是其主要任务,组织采用开放系统模式。战略性人物是银行家、风险投资家、资产租赁代理人。这时候的组织整合的任务不大,企业管理者的主要任务是根据企业的目标拟定合适的组织结构,且在大部分情况下是增加机构而非裁减机构。即使有组织整合的问题,也只是从企业战略目标出发,依据企业系统原理,力争使组织机构的设置更符合企业的整体利益和长远利益。

(2)发展阶段的组织整合

组织进入发展阶段时,战略人物包括工会和员工,管理部门需要在组织内营造一种民主合作的气氛,同时培养员工高度的责任感。此时的企业组织结构规模不大,员工间分工也不很明确,团队合作是首要。而且,此时的团队正是生气勃勃的团队,整合任务开始显现,但也不是十分突出。其组织整合的主要目的是使一致往前冲的团队之间不要产生冲突,从而增强团队的合力。

(3)规范阶段的组织整合

在组织的规范化阶段,秩序和效率对组织极为重要。组织开始走向成熟,员工、股东、供应商、顾客等战略性人物都从组织稳定性和生产力角度来评价组织。为此,这时组织应采用内部过渡模式和理性目标方式。这一阶段,企业管理部门的实力会得到大大加强,并通过职能分工提高工作效率。企业组织内部的分工已比较明确,此时组织整合的目的开始向企业更长远的利益倾斜,整合的任务开始加重。

(4)成熟阶段的组织整合

在组织的成熟阶段,重点放在对外部环境的跟踪上。这个阶段的战略性人物比较强调组织的弹性、获得资源的能力和企业组织的增长率方面。此时,企业组织将以产品或市场为依据进行分组,以消除信息和决策在官僚机构中的延滞,寻求弹性而获得收益。为了避免企业因成熟而带来的惰性,企业组织整合的运作开始频繁与加快。如果组织整合很成功,企业有可能重新焕发生机;如果组织整合不太成功,企业的暮气将日重一日;如果组织整合失败,可能将导致以打碎旧有体制为标志的组织重组。

(5)衰退期的组织整合

当组织进入衰退期,组织战略人物与组织创业期很相似,他们关心的是组织的创新能力和获得资源的能力。此时,企业首脑机关的大部分职能可能和组织其他职能部门一样下放到各独立的事业部门,通过各事业部门的开拓创新恢复组织活力。组织生命周期最后两个阶段的组织模式和创业阶段类似,都是开放模式。企业组织进入衰退期,不是说整个企业将就此完结,而是说可以通过组织整合直至重组使企业重新焕发生机。国际上许多著名企业,特别是百年以上企业的实践都证明了这一点。他们都是在企业将要进入衰退期时采取整合措施,将企业拉回到了新的生长发展期。

利用企业内部市场进行企业组织整合,不再将企业组织中的各个单位视作自己的"分部"、"部门",而是在保留核心部门的情况下,把非核心部门划出去,赋予市场主体化的地位——内部企业。内部市场概念超越了传统的组织结构。与僵硬的组织结构相比,内部市场组织可使企业发生类似外部市场那样的快速而连续的结构变化。市场力量与权力层次的替代,使那些曾使外部市场获得巨大成功的所有特点移植到组织内部成为可能。

(1)基本思路

内部市场的思路是,不再将原企业组织中的各个单位都视作自己的"分部"、"部门"或其他带有等级概念的名称,而是在保留核心部门的情况下,将非核心部门"外部化"出去。这些非核心部门也许是生产、管理、营销或其他单位,于是就赋予这些部门新的概念——内部企业。这些内部企业实际上成为了核心部门的外部资源供给中心,它们相互之间的关系不是以前的命令与控制关系,而是契约关系。外部资源供给中心在向核心部门提供服务或产品时,还可向组织以外的厂商提供服务或产品。这样一来,各个单位都会对组织效益负责,同时,有创造性的企业精神也得到了鼓励。

(2)外部资源供给中心

企业组织中的任何一个部门都有可能归入外部资源供给中心,如组织中的辅助单位、生产制造部门、信息部门、研发部门、营销机构,甚至总经理办公室等。比如,对组织中的辅助单位来说,可将其改变为"内部咨询公司"，作为利润中心向企业内外的客户提供服务；生产制造部门经过改造后可为企业内外的客户生产产品，此时，生产制造已变成了一项服务功能；对于信息系统而言，在市场模式下不再像过去那样由信息部门将其强加给用户，在信息系统被改造成利润中心后，信息部门除了能向原来的部门提供有效的服务外，还能从外部客户那里获利；研发部门同样可以改成利润中心，让其向企业的生产单位和企业外的客户提供有偿服务，研究工作不再依赖最高权力层颇有争议的资源配置，从事研究的价值将由利润中心的经理们根据研究项目的经济效益而定；同样，企业的营销机构也可以外部化为利润中心，它可以像普遍经销商一样来完成企业在某一地区的所有产品销售工作，同时向其他企业提供营销服务。总之，指导内部市场的原则就是一切市场功能都可以在组织内部被重塑起来。

(3)核心团队

核心团队是企业组织效率的关键，它由企业的核心部门及其人员构成，直接面向顾客。核心团队的成分因企业的具体情况而异，一般来说，能够形成企业的核心能力、资产专用性较强的部门及人员都是核心团队的主要成分。例如，有的企业生产工艺技术有特色，有的企业营销力量强大，那么，其核心团队的构成是不同的，可分别围绕生产、营销来组建核心团队，而将与服务顾客有关的其他部门改造为外部资源供给中心的成员。

(4)内部市场的运作条件

内部市场体系的有效运作有赖于一定的条件。在企业内部市场组织中，高层战略管理团队以及协调参谋人员的主要任务就是协助事业单位组建核心团队。在这个过程中，他们不能再用原来的指挥命令系统来管理企业，而要通过设计和调节企业的经济基础来实施管理。这就好比政府管理国家经济那样，设立财会、通信、经济激励、管理政策以及企业文化等方面的共同系统。除了设计组织系统外，企业的高层战略管理团队还必须努力使企业成为齐心协力的团体。他们在形式上也许会放弃许多指挥权力,但他们通过承担责任、促进合作来实施领导,没有这一点作保证,内部市场将可能是一个混乱的市场。

(5)内部市场组织的优势

内部市场是实现企业组织彻底扁平化的根本途径。在实施过程中,内部市场组织当然也会产生类似于外部市场的一些问题,如复杂而充满风险的工作关系、不确定性等,但从总体上讲,内部市场仍有很强的吸引力。

人们通常认为,由于各企业单位有不同的目标,并互相为资源展开竞争,因此,采用市场的做法必然会引起矛盾和冲突。而实际情况却是,市场体系反而能更好地解决现有的大量矛盾和冲突。德鲁克注意到,企业内部的竞争比外部(企业间)的更加激烈。但在市场交易中,交易双方的关系已有明确的规定,完全是自愿的、可选择的。相比之下,等级制度往往充满着不信任以及信息误导、过滤,决定也往往是权威强加的,如果还有什么选择的话,余地也是极小的。所以,内部市场可为良好的工作关系提供合情合理的基础,可用对各方都更为有利的公开协议来取代办公室的政治权术。

另外,内部市场概念提供了一种管理复杂事物的可行办法。人们对战略性计划已不抱幻想,因为任何由中央协调的计划只能产生更多的官僚主义,而不能给企业带来实际的变化,而市场体系的组织行为往往超越计划。一个内部市场里的各个单位,就像生命体里的细胞一样,可根据自己的感觉或判断来经营自己的企业,承担全部收益与成本,而不必再由高级经理来做业务状况的预测,或由他们来决定企业向哪个方向发展,组织结构上的自由将会释放出巨大的创造力,这是企业创新的必要前提。

第二章

涅槃重生，
人力资源的高效能整合

人力资源部门作为企业人力资源工作最重要的内部运行机构，其自身的工作质量和效率如何，对整个企业的人力资源工作都会产生重要的影响。如今，越来越多的企业开始重视人力资源整合，通过人力资源整合经验的分析总结找到有效的整合对策。

1.人力资源的内涵

研究人力资源,首先必须明确人力资源的概念。目前,学术界对人力资源概念的认识不尽相同。

本书将"人力资源"界定为:人力资源是指全部人口中具有劳动能力的人,简称劳动力资源。人力资源的概念有狭义与广义之分。狭义的人力资源是指具有劳动能力的劳动适龄人口;广义的人力资源是指劳动适龄人口再加上超过劳动年龄仍有劳动能力的那部分人口。

在这里,人力资源主要强调人具有劳动能力。因此,它超过了劳动力的范围,即只要具有劳动的能力,即使是潜在的、未进入法定劳动年龄或超出法定劳动年龄的人,也都属于人力资源。如果考虑到潜在的或未来的人力资源,这个范围还要广泛,可以说,从全部人口中剔除已经丧失劳动能力的全部人口,都属于人力资源。

人本身单纯地作为劳动力存在,也是自然对象,是物,不过是活的、有意识的物。正是由于人是一种特殊的物质存在,因此,与其他物质资源相比较,具有自己鲜明的个性特征。

(1)人力资源的再生性

人力资源具有再生性,体现在以下几个方面:

第一,人口的再生产。人口的再生产遵守一般的生物规律,老一代人逝去,新一代人又陆续生出来,而且素质会更高。当然,人口再生产还受人类意识的支配。这种人力资源时序上的再生性,与耕地、矿藏等资源的不可再生性且数量的递减形成了明显的反差。

第二,劳动力的再生产。这是通过人口总体和劳动力总体内各个个体的不断更换、更新和恢复的过程实现的。

第三,劳动能力的再生产。这包括两方面内容:一,人的劳动能力不断使用,不断产生;二,人的劳动今天消耗了脑力或体力,明天会再生出来,同时,能力在不断的培养中也会得到提高。

(2)人力资源生成过程的时代性

一个国家或地区的人力资源,在其形成过程中,会受到时代条件的制约。

人一生下来就会遇到既定的生产力和生产关系的影响和制约,当时的社会发展水平从整体上影响和制约着这种人力资源的素质,他们只能在时代为他们提供的条件和前提下发挥着他们的作用。一个国家和地区的社会经济发展水平不同,人力资源的素质也就不一样。任何人力资源的形成都不能摆脱当时社会文化水平的制约。

(3)人力资源开发过程的能动性

与其他资源相比较,人力资源具有目的性、主观能动性、社会意识性和可激励性。而自然资源在被开发的过程中完全处于被动的地位,如森林、矿藏、土地、水力等。因此,人类在从事经济和社会活动时,总是处在发现、操纵、控制其他资源的位置上,也就是说,人类能够根据外部的可能性和自身的条件、愿望,有目的地确定经济活动的方向,并根据这一方向具体选择、运用外部资源或主动适应外部资源。所以,人力资源与其他被动性生产要素相比较,是最积极、最活跃的生产要素,居于主导地位。

另外,人力资源的能动性还表现在对其积极性、能动性调动的程度上,直接决定着其开发的程度和达到的水平。所以,人力资源的开发,不能只靠技术性指标的增减和数学公式的推导,还要靠政策、制度、感情、信任、待遇等各种因素去激发和调动其能动性。

(4)人力资源使用过程的时效性

自然资源,例如矿藏、森林、石油等一般都可以长期储存,储而不用,品位不会降低,数量也不会减少。但人力资源则不同,长期储而不用,就会荒废、退化、过时。古人云:"兰蕙不采,无异蓬蒿;干将不试,适比铅刀。"人的才能和智慧的发挥有一个最佳的时期和年龄阶段,一般来说,25~45岁是科技人才的黄金年龄,37岁是其峰值。医学人才的最佳年龄一般会后移,这是由其研究领域的业务性质决定的。这就告诫我们:开发人力资源必须及时,开发使用的时间不一样,所得的效益也不相同。

(5)人力资源开发过程的连续性

自然资源、物质资源一般只有一次开发或二次开发,一旦形成产品使用之后,就不存在继续开发的问题了。例如,铁矿石被开发炼成铁或钢制成产品后,铁矿石就不存在了;煤被开发并作为燃料燃烧后,也就不存在了;森林的树木被开发制成产品后,也就不存在开发的问题了。

人力资源则不同,人力资源的使用过程同时也是开发过程,而且这种开发过程具有持续性。在不发达的国家,传统观念的做法是,学生毕业后进入工作阶段,开发与使用界限分明,于是形成了两种理论,即干电池理论和蓄电池理论。所谓干电池理论,就是把人生分成两段,前半生学习,就是做干电池,学校毕业就是干电池做完了,然后参加工作,即干电池放光发亮。但是,干电池里的电毕竟有限,很快就会用完,于是,新的理论——蓄电池理论应运而生。蓄电池理论认为,人的一生是不断学习、不断充电的一生,而且,释放与储存成正比,想要更多地释放,就必须更多地储存。所以,人力资源可以而且应该不断地开发,持续地开发,才能不断增值。

(6)人力资源闲置过程的消耗性

一般说来,物力资源不开发、不使用,也不具有消耗性。例如地下的矿产、原始森林,你不开发它,它就不会被消耗。但人力资源不同,人力资源若不加以开发使用,其功能的发挥便会具有一定的凝固性。

以上人力资源的特点,决定了人力资源开发管理的特殊性,从而奠定了人力资源开发与管理的理论基础。

2.HR存在的七大问题

人力资源管理越来越受到中国企业的重视,但是,相对于中国的经济腾飞和企业的迅猛发展,人力资源管理者的素质却没有得到质的提升,这制约了企业的发展。然而,我们又不得不承认:人力资源管理者(简称HR)是众多从业者中最辛苦、压力很大的人群之一。这固然和中国企业的发展速度过快有关,但人力资源管理者的自身素质是他们倍感压力的重要原因之一。

综合起来,中国当前的人力资源管理者有以下的不足:

(1)被各种所谓的理念和工具迷惑,缺乏判断力

众所周知,就中国当前来说,企业管理是一个理念先行的时代,但很多东西的推行需要和企业的管理综合水准联系到一起,不能依葫芦画瓢,拿来就用。但很多人力资源管理者不明白这个道理,反而抱怨老板的理念差、公司的支持力度不够等。

德鲁克说过:管理首先是一种实践,所有的理论必须经过实践的检验才能为大众所接受。

(2)专业知识和实践知识严重匮乏

作为一个人力资源管理者,一定要在自己的领域里表现得非常专业。

举10个最简单的问题,你可以自己测试一下,如果答对6个算及格。

①计算加班工资时,加班基数和天数如何定?

②逢法定假日,你认为计算工资时,按照多少天计算?

③员工和公司没有签订劳动合同,形成事实劳动关系,公司可以随时解除劳动合同吗?如果不行,怎么处理?在合同续签时,公司要提前30

天告知员工吗? 如果超过期限没有续签,该怎么处理?

④招聘中的行为面试法STAR分别代表什么?

⑤对于人力资源的管理水平,我们经常会用roi工具,它是什么?

⑥什么是员工离职面谈? 它的目的是什么?

⑦什么叫岗位价值评估? 最流行的是哪种方法?

⑧什么是目标管理? 什么叫smart原则?

⑨员工的处罚有个叫热炉效应,它的四个特点是什么?

⑩绩效面谈中的汉堡原则是怎么回事?

现实生活中,人力资源管理者很多,但优秀的人力资源管理者少之又少,原因就在于,很多人力资源管理者都比较浮躁,不能用自己的专业知识为企业解决实际的难题,其地位自然而然就下降了。另外一个,就是在实践中不能审时度势,死抱着书本上的内容去做,过于教条,没有变通。

(3)无法认知HR的双重角色

很多HR没有意识到他们实际上既是公司利益的维护者,也是员工利益的代言人,他们所起到的作用实际是"上传下达、左右逢源"。

有的HR总是千方百计地为公司节省各类费用,比如降低员工工资、不缴纳各种保险、克扣员工的福利……这些行为从表面上看是为公司节省了费用,但从长久来看,往往会导致员工与公司之间关系紧张,人员的流动率居高不下,致使企业的效益下降。所以,HR千万不要只顾及企业的当前利益而使企业的长远利益受损。

(4)无法准确定位自身

对于多数人力资源管理者来说,不能准确地定位也是他们工作难以开展的重要原因。人力资源管理者应该清楚:本部门是一个不直接创造价值的部门,是公司业务部门的伙伴,最多也就是公司战略的合作伙伴,但很多人力资源管理者把自己定位为一个权力部门(或者在工作中有意无意地表现出这样的姿态),你得听我的,但是业务部门往往很难按照其理想化的操作去做,于是,双方就产生了很多矛盾。

人力资源管理者要意识到,人力资源部还要担当控制、咨询、变革和创新的角色。服务固然是重要职责,但过分的没有原则的服务就是对企业的不负责任,对于业务部门提出的不合理的要求要敢于拒绝,而不是因为自己是一个服务部门,害怕投诉,就丧失自己的原则,比如:某部门提出为某某员工加薪,你怎么考虑?业务部门绩效考核走过场,你怎么处理?这些都是很现实的问题。当然,还有咨询、变革的角色,但这些无一不是和你的知识和能力挂钩的,比如,业务部门遇到员工不服管教,不知道怎么处理,你能给什么建议?制度推行不下去,你会怎么办……

所以,人力资源管理者只有把自己在企业中的角色定位定好,才能做好自己的工作。在此建议大家:高调做事,低调做人。

(5)沟通能力的缺乏

好的人力资源管理者必须学会团结身边的每一个人 (即使你内心非常讨厌他),而不能觉得工资、奖金在你的手上,你有这些权力,别人都要怕你。

有的HR经常在网上抱怨老板不懂人力资源,不支持自己的工作,但是根源在哪里?是不是沟通能力有问题?

比如,你要老板加大企业对培训的重视和投入,你会怎么和老板谈?可能你自己对这个问题了解得就不是很透彻,你甚至都说服不了自己,那你怎么说服别人?

所以,人力资源管理者一定要加强自身各类知识的学习,同时深入了解公司的业务,只有对公司的整体运营有了比较深刻的了解,你才会意识到业务部门开展工作的艰难,理解他们的真正需求,而不是整天"闭门造车"。

(6)综合管理能力不够

这里也做个小测验,看看你的管理知识或能力究竟达到了什么水准。

①什么是生产管理的SPC?

②QC七大手法说出三个。

③什么是5S?每个S的含义?

④什么是供应商管理?

⑤财务中的损益表和资产负债表有何区别?

⑥什么是销售中的4P和4C?

⑦什么是库存ABC方法?

⑧你们公司从销售到出货的流程是什么?

⑨公司未来三年和今年的经营目标是什么?

⑩请根据你的理解写出公司明年的经营计划(不少于3000字)。

答完上面10个问题后,再扪心自问,我的存在、我部门的存在能够为公司创造多少价值?因为只有创造价值的人或部门,才能要求公司的回报和支持,否则,你本人和人力资源部的核心竞争力究竟有多少,可想而知。

(7)缺乏宏观的把控能力和系统的思维

作为一个人力资源管理者,一定要学会从系统的观点来思考和解决问题。

比如:

如何提升整个组织的竞争力?

如何做好人才的梯队建设?

如何设计员工的职业生涯通道?

如何更好地激励员工?

……

很多管理者已经被保险、招聘、员工关系搞得晕头转向,但你有没有思考过:

为什么人员流动率居高不下?

为什么员工流失后公司的业务断档很大？

为什么人员的招聘那么频繁？

……

所以，人力资源管理者最要紧的是找出根源，而不是做企业的"消防员"，每天沉湎于事务性的工作上，忙得死去活来，结果自己没有丝毫成就感。

3.发现高效率环节：人力资源流程全面转型

先来看美国大陆航空公司的案例。

美国大陆航空公司曾于1983年9月、1990年12月两次申请破产。从1983年起至1995年，公司换了10个总经理和管理班子。1995年，Gordon Bethune和Greg Brenneman出任主要领导后，大陆航空公司由此走上了振兴之路。

美国政府在1978年放松了对航空工业的管制，由此导致了一场"航空大战"。在这中间，出现了一些新的航空公司，如人民航空公司，迅速崛起又迅速衰灭，最后被大陆航空公司收购。大陆还买下了另外两家航空公司。各航空公司竞相采用降价、乘客飞行累积优惠等手段来增强自身的竞争力。

1983年，大陆航空公司当时的总经理由于不能和工会达成协议，申请破产。这样的策略使得大陆解雇了几乎所有员工，并以明显低于原来工资数额的工资招聘了新的员工。虽然劳动力成本下降了，但因员工的服务不够理想，大陆的顾客投诉率在各个航空公司中"名列前茅"。1987年，乘客的投诉率为26%。之后,大陆为提高服务质量做了些努力,1988年初,顾客投诉率降为11.78%,到1988年底时降为3.05%。但大陆的财务状况却没有明显好转,因此,大陆的重点又转到了降低成本上来。为了降低成本,大陆在1990年时裁减了600名员工。大陆的工资总额约占总成本的22.8%,而其他航空公司的工资总额约占34%。较低的薪酬使得大陆的员工跳槽率很高,劳资关系一直不太好。

1995年2月,GordonBethune和GregBrenneman出任美国大陆航空公司的CEO和COO,他们两人给公司带来了这样一种远见,即认为大陆公司定能再度振兴,成为航空公司中强有力的竞争者。两人上任以后,宣布把"前进计划"作为公司的战略,前进计划综合地考虑了大陆航空面对的问题,提出了多方面进行改进的战略措施,重点不仅在于提高效益,也包括如何提高员工工作生活质量和开发企业的人力资源。

到1995年年底,大陆公司开始起死回生,当年净收入为22亿美元,股票价格每股上升了16美元。

在整个"前进计划"的实施过程中,人力资源部门始终参与,采取了如下人力资源开发措施:

(1)奖励

大陆人力资源部门意识到要让员工对整个战略实施有信心,就必须及时奖励员工的优良表现,这需要高层的支持及一定的金钱作为基础。最初的奖励为:如果大陆航空公司在每月交通部的评分中能进入前一半(在所有航空公司中),则每个员工都能得到65美元。当员工发现公司确实在努力朝向"前进计划"时,他们开始改变自己的行为来努力使自己得到奖金。员工之间开始相互合作,当他们觉得某些行为会影响目标达成时,会主动提出解决问题的办法。

接着,大陆人力资源部门对奖励计划进行了进一步评比,对每月在评比中得第二或第三的人,每人奖励65美元;如果得第一,则奖励100美元,以此来提高绩效标准。从1995年到1996年,大陆航空公司在准时到达率方面曾连续5个月排名前三,在行李处理指标上也是名列前茅,但在顾客投诉上仍有反复。

人力资源部门确保能及时、公正地给员工作评估。大陆员工已有近10年没有得到过绩效工资了,两位总裁决定在公司中实行绩效工资,人力资源部门帮助制定了实施方法。在前两年中,他们采用了强制排序的方法,虽然他们也意识到这种方法有不足,但较简便易行。

此外,人力资源部门还推出了其他奖励员工的新方法。例如,对有极佳出勤率的员工(在6个月中没有缺勤1天),他们会组织一个大型庆祝晚会,两位总裁会亲自参加,采用抽奖的方法,奖给每位获奖的员工一辆标有大陆颜色的福特探索者豪华车。自1996年实施以来,已有30位员工得到了这种福特车,公司为此耗资120万美元。

为了警醒员工,顾客的投诉被刊登在公司的内部刊物上。与此同时,公司还设立了"总裁奖",奖励那些表现出色的员工——这些员工会得到免费社区服务。

另一项奖励措施是"收益分享"计划。每年公司将拿出收益的15%(税前)来奖励员工,这其中主要的奖励方式是召开庆功会。第一次召开庆功会时,员工被召集到开会地点,并被告诉站在他们的位子上,看一下座位上有什么,结果,每个员工发现在座位的底下贴着一张支票。

(2)人员

实施"前进计划"也带来了人员上的变化。大陆航空公司改革了管理高层,36名高层管理者(大多是副总裁)被21名新的副总裁替代,这些新人在公司中都有良好的绩效。这种从上做起的改革给公司的其他部门树立了榜样。

人力资源部门在重组公司员工队伍中的一个重要贡献是重新设计

了订票部门。重新定位后,订票部门的主管由过去的行政管理角色成为了一个团队领导,由他来指挥整个订票团队。重新设计裁减了30.9%的订票主管,每年节约了100万美元的工资成本。这些被裁掉的主管通过再培训以后,被安置在公司的其他部门。

(3)培训

大陆公司过去的培训受到财务状况的影响,有钱就搞一些培训,而财务状况不好时,就去掉所有的培训项目。"前进计划"的实施改变了这种状况,人力资源部门开始进行有计划的持续培训。培训是围绕着"前进计划"设计和实施的,其中包括绩效目标的培训、跨职能团队的培训、管理技能的培训等。

(4)评估

新的管理层惊讶地发现,公司中并没有员工绩效考核。为此,人力资源部门给所有的经理进行了绩效培训,包括如何把个人绩效与公司绩效挂起钩来。绩效管理使得每个人的绩效都与"前进计划"相一致。

在所有部门都明白了绩效标准的重要性之后,人力资源部门协助各部门制定了切实可行的绩效目标。例如,订票代理人的一项绩效标准是他做出反应的水平如何;对销售人员而言,绩效标准是商务飞行的销售额。

(5)劳工关系

大陆公司管理高层每月会召开面向所有员工的大会。每个月的最后一个工作日的最后两个小时被定为会议时间,公司管理高层分别解答员工提出的问题,如果不能马上回答,那就必须在24小时内做出回答。每次会议都有来自世界不同地方的25名至150名员工参加。同时,管理高层也让中层管理者参与此会议,避免使他们成为"沟通真空"。

此外,人力资源部门还帮助各部门之间建立良好的协作关系。他们开展了各种培训,努力使各部门把其他部门当作自己的内部客户来看待。

为了消除现场员工和公司办公室员工之间的隔阂(这种隔阂在大陆公司由来已久,过去双方互不配合,导致很多问题产生,影响了顾客的满意度),两位总裁在1995年的劳动节关闭了公司办公室,让所有的管理人员到大陆的20多个主要机场与大陆员工一起工作,他们帮助分送饮料,放置行李,协助乘客。员工反映良好,他们把这一天称为"前进日"。在以后的一些节假日中,他们又多次与现场员工们一起工作。

(6)信息技术

过去,人力资源部门缺乏必备的技术,影响了其工作的效率,现在采用了新的智能通路技术,员工打电话进来,通过菜单选择很快就能被接通至他所要的人员那里。另外,公司还建立了信息系统,这些使人力资源部门能从繁杂的行政事务中解脱出来,而更着重于战略的计划及实施。

我们要知道,每项人力资源流程都是相互依存的,必须从各个方面全面提升效率。下面这些常见的问题将帮助你的企业改善人力资源管理平台,提高效率。

(1)杜绝重复

公司管理重组、兼并或收购都可能产生多种服务基础架构,然而,一个企业拥有多个福利、人力资源和考勤管理平台并不可取,这些重复建设将降低企业的效率。请找出这些流程中的不同,之后优化和整合,以实现最大收益。

(2)自助服务为王

自助服务是高价值的工具,可让员工在任何时间、任何地点管理和获取个人信息。员工对人力资源解决方案的要求是方便、简单、易用,所以请提供易于使用的、基于网络的端口,让员工在点击之后就能获得人力资源相关信息,并能在线更新个人信息。现在,不少企业能让员工在线轻松查看其薪酬和福利方案,这些服务为员工创造了便利,受到了员工的好评,也减少了人力资源部门参与解决问题的需要,让人力资源专业人士能将精力放在战略性方案的制定中。

(3)集中考勤管理

如果企业内有多套考勤管理系统,或者考勤管理功能不完善,那么,人力资源专业人士就需要将大量时间投入到管理事务性的薪酬处理工作中。不少企业还没有正式的考勤管理提供商帮助企业进行考勤管理处理。对于具备集中考勤管理服务的企业,他们对人力资源服务的评价更高,满意度更高,同时对未来可能存在的不一致问题所投入的费用更少。

(4)迈向集成

使用单一来源供应商或综合性人力资源系统,能简化人力资源工作,减少低效率环节,防止金钱流失。如果企业站在更高的角度来查找低效率环节,就会发现所有功能都是相互依存的。通过建立有黏着力的平台,容纳所有任务和功能,就可匀出更多时间在业务战略制定上,资金可以投在提高企业实力上,这也能减轻企业合规的压力。

将人力资源服务融入一个统一的平台,不仅能改善人力资源部的绩效,还能让该部门成为企业战略性的职能部门,帮助公司实现业务目标。

4.人力资源的科学配置

在分析经济增长之谜和解释生产力提高的原因时,一定不要漏掉一个重要的要素,那就是人力资源的科学配置。

人力资源的配置是根据经济和社会发展的客观要求,科学合理地分配人力资源,使其实现与生产资料的合理结合,充分发挥人力资源作用的过程。人力资源的配置,可以划分为人力资源的宏观配置与微观配置两个不同的层次。

人力资源的宏观配置,是指一个国家把全部人力资源按社会经济发展的客观要求,通过一定的方式分配到各地区、各部门的过程。

人力资源宏观配置的客观依据是:

第一,各地区、各部门经济发展的客观需要是人力资源配置的基本依据。一个国家的各个地区和各个部门之间的经济发展往往是不平衡的,人力资源的分布应力求和经济发展的水平相适应,和产业结构相适应。

第二,自然资源的分布情况是宏观人力资源配置的重要依据。在一个国家范围内,各地区的自然资源分布是一个不以人的意志为转移的客观存在。现代科学无法改变自然资源的分布格局,因此,只能按照自然资源分布的客观要求去分配人力资源。

第三,社会文化发展的客观要求也是人力资源配置的重要依据。一个国家,不仅经济发展具有不平衡的现象存在,连社会文化的发展也是不平衡的。这是由于经济、政治、地理和历史的原因,各国都形成了一些中心城市,这些城市往往设施先进,文化教育、科学研究机构比较集中,工业、商业、交通运输发达,因而人力资源分布密集,人力资源质量也很高。而中小城市和农村,社会文化发展水平较低,人力资源不太密集,质量也相对较低。

人力资源的微观配置,是指一个企业、一个单位如何科学地把人力资源分配到各个部门、各个岗位的过程。任何一个组织都要追求组织效率。组织效率决定于各个部门的效率,而部门的效率又决定于每个岗位的劳动者个人效率及各岗位是否主动、合理、科学地协作。组织内部人力资源配置,其最终目的是提高组织效率。

从人力资源的状态来划分,人力资源的配置可以分为两个层次:一个是存量配置,一个是增量配置。存量配置是指已有人力资源的配置,主要指已就业人员的重新配置;增量配置是指对新增人力资源的配置,主要指新就业人员的配置。无论是存量配置,还是增量配置,都可以通过以下途径来进行。

(1)计划配置

计划配置是指根据国民经济发展规划,通过各级计划,将人力资源有组织地配置到各级工作岗位的一种手段。它分两种情况:一种是在业人员通过经济发展规划安排,有计划、有组织地调配,它是直接构成存量配置的内容之一,无论是地区、部门还是行业、职业都可以采取这种途径。另一种是求业人员,按照国民经济计划的安排,进入某种重要行业、职业岗位,这种类型的大多数是在其原居住地区就业,也有一些到其他地区就业,可称为"计划就业"途径。

计划配置曾经是我国传统计划经济体制下唯一的人力资源配置方式,也曾对我国人力资源运营起到过重要的作用。这主要是由于计划配置作为一种配置资源的方式有其独特的优势,这些优势概括起来有:

第一,配置速度快。只要是国民经济发展需要,通过计划配置可以很快地提供所需要的人才。

第二,配置成本低。通过国家计划的形式进行人力资源配置,各级部门必须紧密配合,减少了各级环节的阻挠,并以最低的成本迅速完成配置。

第三,有助于宏观人力资源的配置。通过计划配置可以根据我国的人力资源状况,进行大规模的人力资源配置,有助于减少地区差别,保持人力资源的宏观收益。

但是,随着商品经济进而市场经济的发展,计划配置已越来越不适应经济的发展,其自身的缺陷使它成为经济进一步发展的障碍。

计划配置的缺陷可以概括为以下几个方面:

第一,计划配置是一种行政手段。人力资源的配置从本质上讲是一种经济行为,而非行政行为,对它的调控应该采取相应的经济手段,通过对利益结构的调整引导其配置。采用计划配置往往会忽略人力资源的经济性,结果造成配置扭曲。

第二,计划配置要求有发达的信息系统作为保障。进行计划配置需要拥有真实的、全面的人力资源供求信息,但是由于客观上存在信息的不完全和信息搜集的困难,往往会造成国家掌握的信息本身是不准确或不完全的,那么,依此信息进行的计划配置必然是无效率的。

第三,计划配置造成配置成本过高。前文中所讲计划配置具有配置成本低的优势,是指由国家作为发起人,自上而下进行人力资源配置时的情况,这是计划配置的第一种形式。但计划配置还有一种方式,即由人力资源所有者作为发起人的配置。由于要经过重重机构的审批,不仅要花费大量的人力、物力、财力,而且一旦错过计划配置时期,就必须等待下一个计划,这会造成配置成本高昂。传统体制下调动工作难,就是最好的证明。

在社会主义市场经济中进行人力资源配置,不仅要克服计划配置的缺陷,充分发挥市场的配置功能,还要发挥计划配置的优势。这就要求我们的计划必须是建立在市场基础上的计划,充分重视人力资源载体——人的选择,遵循价值规律。同时,我们要对计划与市场进行分工,计划配置主要着眼于宏观人力资源的配置,市场配置着眼于微观人力资源配置,只有二者结合,才能保证人力资源配置的效率最大化。

(2)自动配置

具有劳动能力而又要求就业的求业人员自行就业,和在业人员受诸种因素的影响而自发流动的过程,称为人力资源的自动配置。自动配置是人力资源能动性的充分表现,它是人力资源供给方自主地寻求实现自身价值最大化的一种方式。从本质上讲,自动配置是一种市场行为,它通常起因于相对利益的比较,如农村的过剩劳动力大量进入城市就业,就是出于城市与农村的比较利益。因此,从广义的市场角度看,自动配置属市场配置。

由于自动配置发端于比较利益,因而在通常情况下,自动配置会带来较好的微观和宏观经济效益。广大农民涌入城市,不仅使个人获得了收益,还可以促进城市经济的发展和农村经济的振兴。那些进入城市的农民在自动配置中增加了自身人力资源存量,当他们能力提高后,又受经济利益驱动,出现了"返乡潮",大批农民返回农村,建立工厂,在城乡之间架起了联系的桥梁,这对农村经济的发展具有重大的现实意义。

自动配置的另一个典型的例子就是"孔雀东南飞",即大量的人才向东南沿海地区流动。东南沿海地区作为我国开放较早、经济最发达的地区,它的今天必然是内陆地区的明天。内陆人才通过在这些地区的洗礼,人力资源的层次进一步提高,能力更强,而且通过这些人才,中、西部地区与东南沿海的联系更加紧密,这就必将推动中、西部地区的发展。

当然,自动配置也有一定的负效用。当通过自动配置实现人力资源配置的规模过大、过于频繁时,将会带来巨大的负效用。如"民工潮"的兴起,带来了城市社会的不安定,犯罪率提高;由于"人才东南飞",使贫穷的地区更加贫穷,从而造成社会发展的不平衡等。因此,我们应该对自动配置加以引导,将其规范化,逐步纳入劳动力市场(狭义的市场配置)配置中,但是切勿对人力资源自动配置设置障碍。

(3)市场配置

以市场为基础配置人力资源,使现实经济生活中人力资源与物质资本相结合的方式或途径叫市场配置。它既是社会化大生产和市场经济发展的必然结果,又是社会化大生产和市场经济发展的前提条件。

市场配置是社会主义市场经济中人力资源配置的主要方式。市场配置有广义和狭义之分。广义的市场配置指供需双方通过谈判实现人力资源配置,它无需固定的场所,只要存在买卖关系即可,自动配置就是一种典型的广义市场配置。狭义市场配置指通过劳动力市场来完成的人力资源的配置。通常,人力资源的配置要由中间机构进行协调、管理与监督,以确保人力资源供给方的权益和劳动雇佣合同的有效性。广义的市场配置通常包括狭义的市场配置,只不过前者还包括自发的、无组织的人力资源配置,劳动力市场配置则更为规范化。

市场配置与计划配置相比较有许多优势。

首先,市场配置是建立在自愿基础上的,它充分尊重当事人的意愿,尤其是人力资源供给方的意愿。而计划配置则更注重需求方的意愿,无论供给方是否愿意,都会强制执行,其结果往往是造成供给方的逆反心理,降低配置效率。

其次,市场配置成本低、速度快,只要供需双方满意,即可签订协议,完成人力资源配置,无需复杂的手续。

最后,市场配置效率高。由于市场配置由供需双方谈判而成,因而,双方可以进行信息沟通,真正达到将合适的人配置到合适岗位的目标。而计划配置由于信息的不完备,往往会出现专业不对口等人力资源配置的扭曲现象。

当然,人力资源配置不仅要注重经济效益,还要注重社会效益,不仅要注重微观经济效益,还要注重宏观经济效益。在此方面,市场配置自身也存在一定的缺陷。

首先,注重微观效益,不注重宏观效益。如自动配置带来地区经济发展的不均衡。

其次,注重经济效益,忽视社会效益。市场配置造成城市的人口过多,引发"城市病"。

最后,在一些行业与地区,市场配置失效。如对于一些条件相对比较艰苦但又急需人才的边远、贫困地区,依照市场配置人力资源很难奏效。这就要求一方面要充分发挥市场配置的基础作用,另一方面也要合理运用计划配置手段,建立计划配置与市场配置的有效结合方式。

5.将各个部分加以"拼凑"

快速变化的顾客需求,迅猛发展的技术变革,锐不可当的全球经济一体化,这些都使企业所拥有的资金、规模、技术等优势变得非常短暂。只有持续构筑人力资源竞争力,企业才能基业长青,这标志着战略人力资源管理时代的到来。但人力资源管理工作如何才能真正具有战略意义呢? 答案是:证明人力资源政策以及人力资源解决方案给企业创造的价值! 引进一套先进、科学的战略人力资源管理解决方案,可以帮助企业提升核心的组织能力,协助企业有效地落实和执行战略,最终保障企业战略目标的实现,从而体现人力资源管理为企业所创造的价值。

有头脑的首席信息官可以通过将不同的人力资源系统进行适当的整合,而使得公司获得意想不到的收益机会。

IDC(国际数据公司)的人力资源和员工服务项目经理利萨·罗万称,在首席信息官的帮助下,人力资源部门现在已经完全可以处理一些公司的战略层面问题,比如绩效管理、有关员工培训和公司接班人的计划工作等等。这是因为人力资源信息系统已经承担了原先人力资源部门员工所要做的员工档案记录、薪水发放、绩优管理等方面的工作。利萨·罗万说:"人力资源信息系统已经为人力资源部门减轻了许多日常管理的负担。"这使得人力资源管理人员可以从繁琐的程序化的日常工作中解放出来,进而投入到公司的战略事务和研究当中去。首席信息官应该支持和领导这些有帮助性的工作,而不是继续过去的策略,让人力资源部门的员工自己处理这些琐碎的工作,因为一个战略的人力资源信息化投入可以极大地帮助整个公司提高整体绩效。

员工绩效管理,员工工作安排,员工培训管理,所有这些环节都可以为首席信息官提供一些为公司带来新的收益的机会。分析家称,如果将这些应用软件整合到一个闭环系统中,可以为企业带来与进行"人力资本"管理或者供应链管理相等价的丰厚收益。

除此之外,首席信息官还可以通过"战略地应用人力资源系统"帮助公司获取更好的业绩,也就是战略人力资源管理。

战略人力资源管理产生于20世纪80年代中后期。近一二十年来,这个领域的发展令人瞩目,对这一思想的研究与讨论日趋深入,并被欧、美、日企业的管理实践证明为是获得长期可持续竞争优势的战略途径。相对于传统人力资源管理,战略人力资源管理定位于在支持企业的战略中人力资源管理的作用和职能。

它主要有四个基本内涵和特征。

(1)人力资源的战略性

企业拥有这些人力资源是企业获得竞争优势的源泉。战略人力资源是指在企业的人力资源系统中,具有某些或某种特别知识(能力和技能),或者拥有某些核心知识或关键知识,处于企业经营管理系统的重要或关键岗位上的那些人力资源。相对于一般性人力资源而言,这些被称为战略性的人力资源具有某种程度的专用性和不可替代性。

(2)人力资源管理的系统性

企业为了获得可持续竞争优势而部署的人力资源管理政策、实践以及方法、手段等构成一种战略系统。

(3)人力资源管理的战略性

即"契合性",包括"纵向契合",即人力资源管理必须与企业的发展战略契合;"横向契合",即整个人力资源管理系统各组成部分或要素相互之间的契合。

(4)人力资源管理的目标导向性

战略人力资源管理通过组织建构,将人力资源管理置于组织经营系统,促进组织绩效最大化。

人力资源的战略化能力如何形成?

仅仅依靠现在的人力资源应用软件,就可以将人力资源部门的员工从繁琐的日常程序化工作中解放出来吗?

生物技术行业公司的人力资源管理执行官在讨论这个问题时说道:"即便你没有对这些系统加以整合,今天你公司的业务也会不受影响地继续运行。但是,如果你一直没有为长期运营开始做这方面的准备,那么,在几年后,你就一定会面临公司业绩的滑坡。"

过去为人力资源管理设计的IT技术往往只注重于业务操作系统方面,比如薪水发放、人事档案管理等,很少会有首席信息官的参与。但是分析家和顾问称,战略人力资源应用软件在提升企业业绩方面具备很大的潜力,尤其是在未来的十年内将要面临50、60年代出生的那批员工退休,出现劳动力和知识短缺的情况。如果这个状况真的发生了,那么,企业的成功就势必要依靠充分发挥员工能力和激发他们的潜能。

今天,各式各样的、被开发者称为"人力资本管理应用软件"的战略人力资源应用软件通常只是被孤立地应用在一个部门当中,而且很少会有首席信息官的参与。Babson学院的商务教授拉里·凯罗认为:"很多人置身于一大堆的单一程序当中,却从来不站在公司整体的角度去看待整个系统。"

将各个部分加以拼凑。

目前,企业中的人力资源软件基本都是分散地发挥各自的功能,比如人事档案管理系统、工资管理系统、办公管理系统等。如果将这些系统的一部分程序或者全部程序加以整合,就可以更加有效地利用这些人力资源应用软件。

举个例子来说,使用一个整合的人力资本管理系统,公司可以通过跟踪记录新员工在招聘到公司以后的工作绩效来评定公司的招聘策略,或者系统地、自动地基于"软目标"(比如有效的领导等)采取相应的激励和约束机制。

要完成这些工作只有一个途径,那就是进行各个部分的整合。在Accenture公司中负责劳动力转换的管理合伙人汤姆·克兰克称,将人力资源技术和各个流程点联系起来之后,因为这个巨大的突破而产生的机会就会变得十分明显。他说:"这真的是第一次,你可以想象在员工方面发生的巨大变化,这种变化就像时间对于市场的影响一样。"

一个类似于这样的技术和流程整合的模型是供应链管理,它也是将各个分散的、但相互影响的行为联系起来。以IBM为例,他们正在依照供应链管理模型进行内部战略人力资源工具的整合,他们利用一个约有6000个技术功能的数据库形成的分类技术分别进行招聘管理、调度管理和员工发展管理。IBM的知识官富兰克·帕斯克称,通过创造这个他们自己的专利分类技术,IBM确信所有的管理工具和管理人员都可以在同一个战略框架和公司的设想下开展工作。在IBM负责全球员工最优化运营的副总裁丹·福诺称,这使得公司清楚地了解了哪些技术是他们在咨询项目或者制造车间中所需要的,然后公司的招聘补充系统就开始工作,进而寻找拥有这些技术的人。同时,公司的内部计划工具也开始做相应的工作。帕斯克称,这也会使经理人员认识到技术空缺,从而使他们能够关注员工的发展、培训、激励和晋升,以配合这种技术的需要。

6.低成本、高效率的招聘策略

很多企业都期望招聘工作能达到这样的目标:在确保满足企业人才需求的情况下,既降低招聘成本,又提升招聘效率。那么,企业招聘到底要支付哪些成本呢?

人力资源专家认为,主要有四部分。

第一,招聘的直接成本,即在招聘过程中的一系列显性花费。

第二,招聘的重置成本,即由于招聘不当导致必须重新招聘所花费的费用。

第三,机会成本,它是因人员离职和新聘人员的能力不能完全胜任工作所产生的隐性花费。

第四,风险成本,它是指因企业的稀缺人才流失或招聘不慎,导致未完成岗位招聘目标,给企业管理带来的不必要的花费和损失。

另外,还有一种隐性成本,就是繁琐的招聘流程影响了招聘人员的其他工作,占据了原本应重点关注核心业务的时间,其所产生的是一种隐形的成本损耗,这种成本更高。因此,开展招聘工作不仅要达到低成本,还要保证高效率,这才是有效的招聘策略。

招聘成本管理是综合性成本的管理,成本与效率两者必须兼顾,可以从以下几方面着手:

(1)从招聘的对象入手

①编制管理

在当前的经济环境下,企业应更多地思考怎样实现人力资本效益的最大化,并且把人才的作用发挥到极致。为此,我们可对组织架构与流程进行优化,并加强编制管理,有效配置人力资源,通过提升效率来控制人力成本。

比如,某通信企业结合业务目标和人力资源预算,预测未来编制变化,建立月度编制和人力成本动态分析报告,起到了较好的人力成本管控效果。在组织整合和人员精简的同时,组织职能可能发生调整,岗位职责随之发生变化。因此,企业需要进一步梳理岗位名称,进行工作分析,明确岗位职责与任职标准。

②潜力型人才

在招聘时,我们都希望能找到完全胜任岗位的人才,至少是在同等职位上进行平移,这样做其实是有利有弊的。完全胜任型人才一方面要求薪酬更高,另一方面在企业内部可发展的空间有限,比如可能在较短时间内就遇到了职业发展天花板,从而影响工作稳定性。而类胜任(接近胜任)或基本胜任型人才,如果其综合素质优秀,潜质较好,展现出更强的创新力,进入公司后发挥与提升的空间就较大,对企业的忠诚度与工作稳定性可能会优于前者。

如某地产企业集团在人才选用方面非常关注人才的综合素质与后续成长能力,比如学习能力、创新意识与开拓能力。对于中层管理职位的招聘,从不猎挖那些一线品牌地产企业中的成熟性人才,而是选用二线品牌企业的高层管理人才。这些人才经过高层职位的历练,思维开阔,创造力强,综合业务能力也不错,他们只需要进一步提升在规范化企业工作的经验。

③内部人才

当企业的人力资源需求出来后,应首先考虑是否可从内部调配,给内部的员工创造机会。比如提拔内部员工到更高一级的职位,原职位对外招聘,既增强了对内部员工的激励性,又降低了人工成本与新员工培训成本,因为职位越高,需要付出的薪酬与培训成本就越高。

比如,某企业集团建立了总部、大区、分公司三层次的人才输送通道,总部与区域、分公司之间可纵向挂职锻炼,分公司之间也经常横向轮岗。这其实形成了内部的人才市场,各个业务单位可以提出人才需求,根据该需求在集团范围内盘点人才供给、调动与整合人才资源,及时满足该需求,大大降低了人才招聘的时间与经济成本。该企业的管理层逐渐形成了一种大局观,即有义务为集团培养输送人才,这也成为了对管理者工作的一项绩效考核指标。另外,公司还鼓励人才回流,原来公司的员工只要不是因为品德问题离开的,都可以回来,离职员工的回流大大降低了公司的招聘与培训成本。

④共用人才

对于阶段性的人才需求,可向外部中介机构租借临时员工,有些高级人才通过担任外部顾问或者虚拟办公的方式,以节约公司用人成本,所以,开发共用性人才是较好的降低成本的策略。

"招聘你,但未必要到我公司上班,只需完成交办的科研项目即可。"这种新型的聘用高科技人才方式为某企业集团广纳海内外英才,促进了企业的科研开发。由于国内目前的科研和生活条件与发达国家相比尚有一定差距,同时,不少外籍专家因家庭、语言、生活习惯等客观原因,一时无法来当地工作。面对这种情况,该集团以项目招聘的"借脑"办法,灵活机动地利用海内外高水平人才,取得了很好的效果。

(2)练好招聘渠道内功

①发展内部猎头

针对当前部分同行企业裁员与组织调整,我们可根据自身发展需求重点引进核心专业人才,特别是平时市场比较稀缺的人才。企业可建立内部猎头队伍,将招聘工作重点转移到主动猎挖上,以知名同行企业的高级人才为重点挖掘目标。同时,与有裁员计划的同行企业进行沟通协商,接收与消化其暂时不需要的优秀人才。

如某企业建立了内部猎头核心技能实操手册,从分析招聘需求、选择与开拓招聘渠道、拨打陌生电话、初步沟通、筛选分析简历、约见与评估甄选候选人、促进意向达成及异议处理、背景调查、建设与维护人才库等方面都有详细的工作指引。内部猎头队伍的建设,还需解决好组织建设、人员选拔、职责与分工、培训提升等团队建设问题,同时需建立内部猎头团队组织运行方法,包括工作流程、工作计划与实施关键控制点,这些工作离不开企业相关资源的支持。

②"双拼"或"多拼"招聘渠道

目前,企业在外部招聘渠道投入方面都大为减少,为了提升投入产出比,可以与其他企业合作,联合使用招聘渠道。比如,共用一个现场招聘展位、一个报刊广告页面以及共同举办专场招聘会等联合采购的方式。

如A、B两家公司是处于供应链上下游的企业,租借某酒店共同举办专场招聘会,同时进行报纸与网络广告宣传,吸引了大量同行业及相关行业的人才前来参加。在招聘现场,两家企业各自安排招聘面试,中间设置一定的时间段进行人才交流共享。A公司暂时不需要的人才,可以分享给B公司,这样不仅节省招聘的成本,也能提升招聘效率。

③寻找多种低成本招聘渠道

网络搜索(人才招聘网站、综合性搜索引擎、垂直性搜索引擎)、人才推荐 (内部人才推荐、HR同行人才推荐、业务同行推荐)、社交性渠道(QQ、MSN、博客、社交网站)、员工返聘(离职员工、退休员工)等都是成本较低而效率较高的招聘渠道。

如某知名银行人力资源中心普及社交性网站招聘方法,要求人力资源部人员都要注册社交网站,并且主动去结交同行人才,运用这种低成本的方法招聘到了不少中高级人才。某企业认为最有效的招聘方式是在本企业网站发布招聘广告,因为该公司的知名度较高,网站浏览量较大,所以通过内网就能够收到足够的简历,免除了综合性招聘网站带来的"海量简历"的弊端。对于批量性招聘的通用职位,可建立长期合作的人力渠道来降低总体招聘成本,比如普通职位应考虑大专院校人才输送协议的签订、本地职业中介的合作、本地乡镇招聘宣传活动等。

(3)采用高效面试方法

①采取信息化手段

以往比较多的招聘面试方式是面谈沟通,应聘者和企业花费的时间都较多,如果是异地人才前来面试,还要花交通费。如果借助信息化手段,这部分费用就能大大减少,比如视频面试、电话面试,跨区域可以实现低成本、高效率的面试。当然,这对企业的信息化建设要求是比较高的,需要在总部与相关区域性公司都建立视频设备。

现今不少企业已开始使用第四代招聘产品(前三代招聘分别以现场招聘、报纸广告、网络招聘为主流),其有两大特点:一是视频招聘广告,能为企业在招聘活动中充分展示公司文化、行业前景、团队风貌、招聘政策等,求职者能够非常直观地了解招聘企业,有助于求职者做出更准确的应聘决定;二是远程面试功能,企业可跨地域进行网络面试,集中高效地安排应聘人员与面试场次,节约企业的大量人力与时间成本,使招聘效率大幅提高。

另外,对于常规招聘职位,在专业基础知识、综合素质与个性类型等方面的考察可借助网络测试的方式进行,达到批量筛选的目的,能节约面试的时间与人力成本。

②小组面试、合并面试、授权面试

对于常规基础职位,我们可安排小组面试,采取无领导小组讨论、演讲答辩、角色扮演、案例分析、团队游戏、辩论等方式,在群体互动的环境中更高效率地甄选人才。在招聘流程方面也可进一步简化,比如几个面试环节合并,多个面试官一起面试。对于某些工作较忙或者长期在异地的面试官,可以进行授权面试,让其他同等级别或相关领域的专家代为进行,达到提升招聘效率的目的。

比如,某知名航空企业批量招聘客服人员,首次面试的目标是筛掉职业形象与综合素质不符合要求的候选人,其面试方式为:把参加面试的应聘者每20人分为一组,召集在同一会议室里,主考官说:"大家好,今天大家来初次面试,你们当中有申请各种职位的,请每人演讲3分钟,内容包括:你叫什么名字?应聘什么职位?为什么应聘这个职位?只讲3分钟。"这样一来,20个人的面试只用一个小时就完成了。在这轮面试中,主考官还采取了"声东击西"的面试法。比如,某应聘者在台上讲3分钟,主考官看的却是底下19个人的表现。该企业很讲究尊重他人与客户服务意识,有些应聘者因其他演讲者表现不佳而幸灾乐祸,轻蔑之色溢于言表,或者跟别人交头接耳,这样的人显然要被淘汰掉,只有那些认真倾听他人演讲的人才可能进入第二轮面试。

(4)优化资源分配与过程管理

①周期性分析,前瞻性预算

通过对年度、季度招聘效果进行分析,包括招聘渠道的投入产出比、各类职位的招聘方式与招聘周期相关性等,从而针对性、重点性投入与分配招聘资源。集团性企业应对总部与各区域公司的招聘数据进行分析评估,得出最优的招聘渠道组合方案,然后召开年度供应商大会,采取招投标方式进行战略性采购,达到降低成本的效果。

比如,在招聘渠道分析方面,可通过对以往招聘数据的统计分析,抽丝剥茧,从中找到渠道选择的落脚点。相关招聘数据包括:不同阶段各种渠道(包括细分渠道)的简历数量、面试人数、录取人数等,进而计算出各种渠道的有效简历率(面试人数/简历总数)、录取成功率(录取人数/面试人数)与综合成功率(有效简历率*录取成功率),这些指标可以在每个季度与年度统计一次,以评估招聘渠道的有效性,进而确定年度招聘费用的分配。

②做好过程费用管理

人力资源部应在每个阶段统计招聘费用的使用情况,并结合招聘效果分析投入产出的相关性,及时采取调整与应对措施,这是过程费用管理的关键所在。在实施招聘项目过程中,进行标准化运作,对于费用管理也会起到很重要的作用。

招聘成本与去年同期相比节省下来的就是收益。只要招聘就一定要付出成本,提高流动性大的岗位的稳定性,就是节省成本。

某岗位节省的年招聘成本=单个人员招聘成本 [(去年人员流失率-今年人员流失率)总人数]

另外,减少人员流失产生的营业收入也就是收益。比如,销售部门人均贡献销售额10万元,一年少流失8位销售人员,就是80万元。所以,企业应加强员工入职辅导和离职管控,通过企业文化宣导与人性化的管理方式,让员工产生认同感与归属感,最大限度减少人员流失。

招聘工作应从企业长期发展与人力资源管理工作全局出发,提升招聘的策略性、系统性与前瞻性,采取规范化、专业化、精细化运作与管理,达到低成本、高效率的招聘目标,从而为企业持续快速发展提供有力的支持。

7.中层先行,优化和提升执行力

中层管理者是公司管理的中坚力量,也是公司普通员工的直接管理者。如果中层管理者不能发挥其应有的作用,就会对公司的管理和决策的贯彻带来很大的阻碍。

作为一名合格的中层管理者,应该具备以下四项基本能力:

(1)智力能力

智力能力可分为概念化能力、判断力、逻辑思维能力三个方面。

概念化能力是指管理者能否看出表面上互不相关事件的内在联系，并从系统的角度进行分析。概念化能力有助于管理者把握全局，并深入、系统地分析问题和解决问题。

判断力是通过管理者对已知信息的处理，对事物发展趋势进行方向性把握的能力。判断力有助于管理者在进行部门规划和工作计划时，提高工作效率和准确度。

逻辑思维能力是指管理者对一些事物进行的符合常理的判断，较强的逻辑思维能力有助于提高管理者实际工作行为的有效性。

(2)管理能力

管理能力可分为规划能力和行动能力。规划能力是指充分调配现有资源制定达成工作目的计划的能力；行动能力是指在工作中采取积极主动的行动策略的能力。

在实际工作中，很多事情在行动之前不可能进行100%的充分准备，这就需要中层经理能够在有很多不确定因素存在的情况下，对环境进行客观、正确的判断，并采取积极的行动。

(3)人际交往能力

在工作中，人际交往能力可分为对上级交往能力、平级交往能力和对下属交往能力。对上级的交往主要是接受上级的任务和对任务的向上级的反馈；平级交往主要是部门协调及部门沟通；对下属的交往主要是布置工作任务及进行工作指导。不论是对哪一级的交往，沟通能力都非常重要。中层管理者不但要能准确地领会对方想要表达的意思，还要能准确地把自己的意图表述给对方。

(4)自我控制能力

自我控制能力包括情绪控制能力、自我估计能力和环境适应能力。对管理者而言，情绪化的语言和行为并不能解决工作中的任何问题，反而会让其他员工丧失对你的认同。所以，控制好自己的情绪，理智、客观地对待工作中的各种问题,显得非常重要。自我估计能力的强弱体现出管理者是否有自知之明,没有自知之明的管理者不可能成为一个明智的管理者。由于职务或者工作环境的变动,管理者是否能够继续有效地进行工作,胜任自己的岗位,体现了管理者适应能力的高低。

如果一个公司新任领导人刚上任几天,就对中层管理者以及工作环境产生极大的不满,势必会产生重新给予中层管理者新的教育、改善工作环境等构想,这就是所谓的重新塑造中层管理者。但是,单凭领导人的意志塑造出一个"很听话和什么事都肯做的中层管理者",这种想法如果扩展到整个企业界的人事管理上,就会使组织里的每个成员只是墨守成规地按照上司的命令行动而毫无创新。虽然领导效率可能会有所提高,然而,中层管理者缺乏判断及思考的能力,这将成为阻碍公司发展的绊脚石。

如果把管理简单分为决策在高层、执行在中层、决战在基层,那么,"执行在中层"可能是最令企业界的领袖们头痛的问题:提升中层经理执行力是企业发展的重中之重。一起来看中层执行力不佳的三大层面和对策。

(1)中层管理者自身因素层面

问题:中层在企业里承担承上启下、承点启面、承前启后的重任,较之于高层决策者,他们需要承担更多协调者的角色;较之于基层,他们需要承担更多决策者的角色。所以,中层管理者在执行力方面就不能让自己作为高层的"传话筒"、基层的"草包经理"。

作为领导人,在强制执行命令时,难免会引起一些人的不满。有的中层主管不敢做这个"恶人",不敢得罪人,对明显不符合企业规定的行为睁一只眼闭一只眼,结果导致下属骄横放纵,难以管制。大多数企业的中层都是由于工作出色而从基层晋升上来的,他们技术娴熟、工作积极、业务突出、人际关系好,但也有一个共同的不足,就是欠缺对中层管理角色的认知和对管理职能甚至基本管理方法的了解，不能及时进行角色转换，仍然将自己处在基层位置，不能很好地指导下属工作，不能更有效地发挥团队的力量，结果自己很忙，而下属却不知道做什么，一脸的迷茫。这就好像司机和乘客的不同：当你是乘客的时候，你可以打瞌睡，可以看外面的风景；但当你是司机的时候，你的心境就会完全改变，你的眼睛只能看着前面，不能打瞌睡，也不能看外面的风景。而这些中层虽然已经是司机了，但眼光和心境却还停留在乘客的阶段，依然用以前的那一套工作。

对策：加强中层管理者的自身综合素质，使他们改变错误观念。

中层管理者要从提高自身素质入手，不断提高自身能力，塑造个人人格魅力和威信，全心全意投入到工作中，发挥中层管理者承上启下的作用。对于从业务骨干、业务能手、技术人才中提拔上来的中层管理者，要对他们进行必要的培训，让他们对中层管理者的角色、管理职能和基本管理方法有一定的了解，并对他们的工作表现进行评价。那些缺乏管理能力的人应该回到技术人员的位置上，这样才能发挥他们的功效。中层管理者要用其自身的魅力和实力让职工心甘情愿地服从和信赖，而不是只知道用领导的权威去压制职工。中层管理者要增强分析和判断意识，在行业复杂多变的改革中保持冷静的头脑，认真分析形势，自觉并坚定贯彻落实好上级的政策、方针、策略，做好本职工作，使自己的工作跟上时代发展的步伐。要服从大局，增强合作意识。中层管理者的本位工作也是企业目标中的一个策略，要站在企业大局上，将本职工作有机地与企业其他发展战略结合，发挥高层决策的整体效应。

(2)中层与高层因素层面

问题：重权、抓权、不放权这种"高层集权的管理模式"在公司发展初期是非常有效的，不但提高了效率，而且使公司始终沿着正确的方向发展。但是，随着公司的不断扩张，管理部门不断增加，也就是公司进入快速成长期后,这种管理模式就会制约公司的发展。高层管理者对于别人的决策总觉得不太放心,于是事无巨细都要自己参与、自己决策,中层管理人员只能成为被动的顾问角色,做起事来束手束脚,无法发挥他们自身的作用。

对策:进行有效授权。

要根据中层管理者的管理能力进行授权。对于不太成熟的中层管理者,应该对他们多加监督与指导;而对于较成熟的中层管理者,他们有丰富的专业知识与经验,而且有较强的工作意愿,高层管理者可以给他们更多的主动权,充分发挥他们的积极性和主动性。在授权之后,领导人或主管必须对授权工作进行监督,定期召开会议讨论工作进度,实行目标管理;定期沟通工作表现,实行绩效管理;最好运用具体的统计数据进行考核,用达标率等数据来刺激被授权者,激励其改善工作,从而更好地发挥执行力。

(3)企业中层面对的问题

问题一:目标不明确。

目标是执行的前提,没有目标,执行就无从下手,更不用谈执行力了。每个企业都有自己的远、中、近期规划,但真正落到执行层,执行者对计划的茫然却是普遍的现象。在企业中,基层甚至是企业高层,也都存在着对企业目标不甚了解的状况。这种目标的不明确或不理解导致了执行的低效。

对策:改进制定目标的方法。

执行力需要一个明确目标,只有当目标明确后,执行力才会有前进的方向;目标明确后,不同的职能部门、不同的员工在工作中才能形成一股合力,从而更好地发挥出企业团队的力量,表现出知识与技能的聚合作用,更好地促进目标的完成。目标的不明确或不理解很大程度上就是因为没有解决好企业目标的层次。企业的目标要靠企业全体员工共同来实现,不是一两个高层开几个会就可以解决的,企业的目标要体现参与性。

因此,企业在拟定发展规划时,应根据企业的经营目标设定科学的组织结构与人员编制,将企业目标按层次分解到每个员工的工作目标上,用具体的工作任务来帮助员工明确目标和理解目标。企业应把企业共同目标分解为企业目标、部门目标和员工目标,体现目标的层级关系,使目标有系统、有层次,让执行更具有"可操作性"。这样既有利于目标的实现,也有利于制定考核标准。

问题二:制度本身不合理。

有些制度本身就不合理,缺少针对性和可行性,或过于繁琐,不便于执行。经常有企业试图用各种考核机制达到改善企业执行力的目的,但往往事与愿违。所以,企业在制定相关制度和规定时一定要本着合理的原则,给员工提供方便而不是约束。制定制度时一定要实用,要有针对性。

对策:制定合理的制度。

制定合理有效的制度的关键在于尽可能使之简单、清晰、全面。当制定公司的规章制度时,首先得把各个部门的要求和建议文档化。这也许是一个很简单的事情,但是,你必须知道公司所有员工的期望,这是最基本的。你必须文档化所有的工作规程、部门之间的联系等,这些任务完成之后,就可以正式地制定公司的制度。制度一旦建立起来,就必须力求完整全面。如果在员工做出不合理的行为后再做出规定,那是不公平的,也是很没有效率的管理方式,制度应该包含公司的所有人。虽然在制度的实施过程中很容易走向极端,但你应该清楚不实施这些制度时所可能带来的风险和危害。

问题三:考核机制不完善。

工作的监督如果得不到严肃的对待,清晰而简洁的目标就没有太大的意义了。很多事情就是因为没有及时监督与控制而错过了解决问题的有效时机,结果导致小问题变成了大问题。

这里面有两种情况:一是没人监督,二是监督的方法不对。前者是只要做了,做得好与坏没人管,或者是有些事没有明确规定该哪些部门去做,职责不明确,所以无法考核。常见的如企业中的管理真空或者管理重叠问题,导致有事情的时候没人负责。后者是监督或考核的机制不合理。

对策:制定和完善企业的监督考核制度。

监督是执行力的灵魂,所有善于执行的人都会去监督组织所制定的计划的落实情况。监督能够确保一个组织按照规划的时间进度表去实现目标。不断地监督和跟进,能够有效地暴露出规划和实际行动之间的差距和问题,并迫使管理者采取相应的行动来协调和纠正整个工作的进展,以期完成阶段性和整体性的目标。

可以依中层管理人员的岗位和工作性质进行分类管理,建立有针对性且量化的中层人员考核标准,确保考评工作切合实际,促使中层管理者转变工作作风。考核结果的等级间应当有鲜明的差别界限,不同的考核结果在工资、晋升、使用等方面应体现明显差别,使考核能激发员工的上进心。

同时,为了减少考核中的主观因素,要在组织中建立数字文化,使考核双方都能做到口径统一,减少分歧。企业还可以不定期检查,并形成记录,将此作为考核的依据。不定期考核与检查能避免执行人员为应付定期考核和检查而采取的投机行为,确保执行的稳定性,防止执行的"虎头蛇尾"。

企业也可引入"淘汰机制":凡两次考核连续最差的主管重新从基层做起,凡两次考核连续最差的经理重新从主管做起,以此类推。这样才能提高公司的中层管理人员的危机感。

问题四:激励制度不到位。

　　激励制度不到位,给员工的感觉是企业只注重结果而不重视精神和思想。通常,投机取巧的人善于做表面工作,而踏实做事的人反而不擅长这些,结果一考核,踏实的人反而不合格,而投机取巧的人却合格了,奖励就这样被窃取,这在一定程度上打击了认真工作的员工的积极性。由于考核的偏差,出现该奖励的没奖励,该受惩罚的没受到惩罚,或者平庸的人受到了奖励。其结果是在组织中建立起错误的工作导向,中层管理者不是向业绩努力,而是向好的业绩评价方向靠拢,不但使人对奖罚失去了应有的尊重和信任,也导致了企业执行力的低下。再次,组织虽然强调重视优秀的中层管理者,但对优秀的中层管理者奖励不够,使优秀的中层管理者流失或消沉。

　　对策:建立有效的激励机制。

　　激励是提高执行力最有效的方法之一,如果能把大家的积极性都调动起来,就没有什么决策不能执行下去。从现有的薪酬体系看,中层管理者的固定薪酬占总薪酬太高,组织的经营业绩与中层管理者的收益弱相关,中层管理者的自动自发不易自发形成。同时,这种弱相关还会因信息不对称而产生道德风险,难以充分发挥中层管理者的潜能。为了实现中层管理者的自动自发,企业应该提高中层管理者浮动薪资的比率,建立多种激励方式。

　　问题五:企业执行力文化缺乏。

　　许多企业领导对企业文化的认识还不够深刻,对企业文化建设的系统性规划不足。在企业文化建设中,存在为文化而文化的现象,组织文化缺乏自身的特色,更多的时候是面子文化和熟人文化在企业中占主导地位。中层管理者作为组织中的中间地带,既是下属又是上司,协调平衡各方面关系的难度很大。"面子文化"导致其不愿或不敢面对现实,不敢实事求是,本来只是简单的工作问题,但由于"面子"的存在,中层管理者不能够坦率指出上司、同级同事、下属的缺点或不足,使对方不能抓住问题的重点、要点。同时,"面子"这种自我保护的心态会使接受方感到不可接受,产生强烈的反弹,这种自我保护的心态极大延缓了问题的解决,导致目标任务执行的低效率,最终导致执行力的弱化。这种沟通方式,在带来表面和谐的同时,不利于中层管理者对工作表现、工作问题的清楚表达,不利于接受方的真正明白,不利于共识的达成。

对策:建立有利于高效执行的企业文化,让执行力深入人心。

企业文化没有形成凝聚力,事实上是企业文化没能有效地取得大家的认同。企业文化是力图通过影响执行者的意识进而改变他的心态,最终让执行者自觉改变行为的一种做法。要强化企业的执行力,必须从制度的制定者到制度本身都进行加强,充分考虑到环境对执行意识、心态的影响,此外,还要对执行者进行正确的引导,这样才能使一个规定得以顺利地贯彻执行。制度约束可以让执行者做到60分,你也说不出什么来;但如果注重强化执行力,同样的人、同样的条件、同样的方法,可能会取得80分~90分的效果。

第三章

互联网思维：
跨界整合与自我革命

互联网商业模式的先进性，在于不断发掘自身潜力，将电子商务所具备的一切优势都整合于一体，并通过新颖的宣传手段吸引周边资源的"靠近"，从而令自己不断壮大。这是传统商业模式无法做到的。

1.各行业经营模式的"拆分"与"合并"

如今,互联网技术将原本不相干的领域紧密地联系在一起,此所谓"跨界"。与实体商业发展不同的是,由互联网"跨界"形成的商业模式,会以迅雷不及掩耳的速度蔓延,没有做好心理准备的人,或者自以为自己的行业壁垒足够坚硬、进入门槛足够高的人,会受到意想不到的"互联网袭击"。

从专业的角度说,互联网实在没什么能拿得出手的东西。人家开店几十年,积累了丰富的经验,并且长年累月地在某个领域发展,比互联网多太多优势了。然而,现实却往人们预想的反方向前进:"神出鬼没"的互联网以创新者的身份出现,从一个领域进入另一个领域,打破了传统广告业、运输业、零售业、酒店业、服务业、医疗卫生等领域的固有存在模式,用更加便利、关联、全面的商业系统,令各行各业以全新的面貌呈现给大众,尤其是在PC(个人电脑)端向网络端进化后,互联网就已经完成了对各行业经营模式的"拆分"与"合并":将行业老大的家业拆分开,再整合成新的商业模式。

2011年,腾讯公司推出了微信,这款可以快速发送语音、视频、图片、文字的手机聊天软件,很快受到了大众的关注,仅433天,它的用户就突破了1亿,使聊天软件从PC端向移动端进化迈出了重要的一步。

微信的创立,是在智能手机发展的基础上应运而生的,它几乎可以运用于每一部智能手机中,提供免费的即时通信服务是它的基础业务,所设置的功能例如"摇一摇"、"漂流瓶"、"朋友圈"、"公众平台"都是它向其他领域"伸手"的重要媒介。

2013年2月5日,微信发布了4.5版,这一版本能够实现多人语音聊天,并且充实了二维码的功能,使用过微信的用户都知道,你可以在任何有二维码的地方进行扫描,无须手动输入,方便快捷。这样一来,更便于其他商家同微信合作,因为只要有二维码,用户就能清楚地知道这个商品所公开的所有信息。

随着微信5.0的上线,它又添加了表情商店、绑定银行卡、收藏、绑定邮箱、分享信息到朋友圈、打车服务等功能,将原先只能在PC端操作的业务直接搬到了移动端。

作为当下最热门的聊天软件,微信俨然成为了移动端的一大入口,打破了PC端的各种限制,逐步发展成为一大商业交易平台。在不久的将来,微信商城很可能会成为互联网商业模式中另一大"亮点"。

从PC端向移动端发展是大势所趋,在智能手机普及率越来越高的今天,用户体验就是检验互联网商业模式是否能赢得人心的关键,在此基础上进行跨界整合,将最有用的资源融入互联网中,并根据用户的需求进行不断提升,最终把"大型商场"搬到移动端上来。

互联网商业模式的一大特点便是"快",一夜的工夫,很可能原先的规则就被颠覆了。所以,商家要时刻保持清醒,为"跨界"做好准备,否则,等你一觉醒来,自己的领域已经被别人占领,那就为时已晚了。

有人说"未来十年,是海盗嘉年华",会有更多人将目光瞄准"跨界",从移动端中获得巨大收益。

用户要去一个个实体店购物或购买服务很麻烦,也不可能随时用PC端进行操作,所以需要更加强大的移动端,只要手指轻轻一点,就能买到心仪的商品,或是将钱汇入账户。对于想在互联网商业模式中崭露头角的人来说,只有将手伸向不同领域,才能实现以上业务。在这个时代,如果你守着自己的"一亩三分地",一定会有人将手伸过来,到时候,你只有一个结局:被瓜分。

当一个新生事物出现,商家总会将其与"利润"联系在一起,先有互联网,然后催生了互联网经济,这是对商业模式进行创新的原动力。加之互联网环境所具备的独特优势,让那些有"创新意识"的商家迅速崛起,很快建立和形成了自己的经营模式,与传统行业形成对峙,甚至在某些方面略胜一筹。

作为互联网商业模式的典型代表,电商将一种全新的生活方式带给大众,把商城直接建在网上,目的是为了抢占更多市场份额。与传统商业模式不同,电商的营销理念就是要让客户得到更多实惠。

阿里巴巴就是这么做的。它很有针对性,把中小企业定为目标客户,让他们用几千元的会费换得几十万的利润,如此一来,客户当然愿意跟随它;天猫商城也抓住了这个机遇,所以才会发起一年一度的"双11购物狂欢节",它利用互联网这一便利条件,让众多商家发起"联盟",从而令顾客买到物美价廉的商品。

让客户感觉到"实惠"永远不可能错,但如果将互联网商业模式简单地看成一种"让利"模式,那就大错特错了,因为它在打造高"性价比"商品的同时,还非常注重与客户的互动。这就是互联网商业模式中非常重要的一个分支——微营销。

"看新闻,上新浪",这个聚焦于新闻平台的口号是该门户网站最为成功的品牌宣传,也由此奠定了它的网络地位。作为新浪网的主营业务,新浪新闻长期肩负着开路先锋的任务。

看过新浪新闻的人都知道,它的信息覆盖面非常广,甚至可以用"海量"来形容。同时,该网站推崇平等和自由的主旋律,做到快速整合资源，并传达给大众。正因为如此，人们才会对新浪新闻给予"及时、准确"的评价。

早在美英发起"沙漠之狐"行动时，新浪就开辟了24小时不间断滚动播出新闻的先河，之后的"9·11"事件，新浪也在第一时间向公众传达了这个消息，甚至比大多数电台、电视台还要快。这个领域里，新浪总是走在前列。

有了坚实的基础，新浪更加注重其网络营销的进程。在这个过程中，它始终坚持"交互式"营销策略，以提供满意的客户服务为宗旨，将网络广告业务做得有声有色，走出了一条"注意力经济"的成功道路。

人们常说机会总是留给有准备的人，新浪网并没有完全依靠之前积累下来的"老本"，而是通过研发更多附加业务，不断提升实力。

它针对不同使用人群，将业务领域扩展至方方面面。例如，提供无线增值服务的新浪无线、提供社区及游戏服务的新浪热线、提供搜索及企业服务的新浪企业服务、提供生活服务的新浪电子商务、新浪微博等，这些都是该网站形成完整商业模式的重要组成部分。

作为最成功的门户网站之一，新浪将互联网的优势体现得淋漓尽致，这要归功于它所建立的新型商业模式。它始终知道自己有什么、能够给客户带来什么，并且每跨出一步前都会"审问"自己：产品是否能带来这个效果？

其实，传统商业模式也非常注重"客户体验"，但由于限制条件较多，无法令每一次交易都给客户留下"美好的印象"，似乎总是有遗憾。而电子商务在这方面就做得很好，由于后者能够对信息进行批量处理，从而在第一时间找到客户的需求点，并做到快速解决。加之众多电商在PC和移动设备上同时建立了端口，令大众的体验和购买过程更加便捷。

此外，电子商务与传统贸易相比，省去了许多不必要的成本，这些被节约下来的资金被电商用于扩展业务领域、让利、巩固技术支持等环节,也就是说,电商有更多能力进行"自我投资",这就是电商在现阶段比传统贸易成长更快的"秘密"。

可见,互联网商业模式的先进性在于不断发掘自身潜力,将电子商务所具备的一切优势都融于一体,并通过新颖的宣传手段吸引周边资源的"靠近",从而令自己不断壮大。这是传统商业模式无法做到的。既然现实如此残酷,传统贸易者就不能再等待了,必须马上为自己找出路,再不行动,传统行业或将遭受更沉重的打击。

2.破坏性创新——打破再重整

信息技术革命将大众带入了以深度互动为特征的新互联网时代,在这样的背景下,互联网经济高速发展,给传统行业带来了前所未有的危机感,令其不得不开始寻找新的出路。

面对残酷的竞争,传统行业似乎进入了一个"怪圈":永远都身处"红海",为了稀薄的利润互相拼杀。

这时候,有人提出对现有的商业模式进行调整,意在增加企业的盈利能力。这个提议很快得到了传统贸易者的赞同,因为在当前局势下,"变革"是最有效的方法。

传统行业想要演绎新商业模式,就必须以全新的理念为支撑,把陈旧的观念分割出去,才能想出全新的办法来应对激烈的市场竞争。

人们常说,狭路相逢勇者胜。勇气和魄力是对现有商业模式进行颠覆的前提,没有做好进行"破坏性"创新的心理准备,是无法实现这一目标的。当很多企业还在原有思路中苦苦挣扎的时候，一些有胆识的企业家已经凭借其创新精神踏上了新的征程。

A公司是一家中型规模企业，专为年轻女性设计制造护肤产品，已经在十几个城市开设了门店，虽然拥有较为悠久的"历史"，但在市场竞争日渐白热化的今天，利润早已大幅缩水。

有员工提出建议："我们也将产品拿到网上去卖，现在电子商务这么流行，一定能找到新客源。"

总经理觉得这不失为一个好方法，便对此展开了讨论和谋划，终于决定投入一部分资金，在企业内部建立"网络营销小组"。一段时间后，大家发现其收效比想象中的要差得多。

此时，总经理意识到，想要拯救企业，不能像"小打小闹"一样在原有基础上进行微调，而应对现有的模式进行深度分析。如果有必要，就得进行"二次创业"——重新定位已有的一切。

当务之急是要弄清楚顾客究竟要什么，如果能做其他品牌没有的东西，自己就赢了，A企业打算以此为突破口，进行一次深入的市场调查。

很快，调查员发现，越来越多的年轻女性开始注重自我保养，经常出入美容会所，而在人们过去的想法中，这是中年女性经常去的地方。调查结果显示：都市年轻女性希望通过更科学、高端的护肤手段，让自己从压力中解脱出来，既美容保健，又让精神得到舒缓。

A企业就此展开讨论，决定在门店旁边开设美容中心，聘请有熟练技术的美容师，用本公司产品对顾客进行有针对性的服务和指导。

这种做法很快吸引大批顾客前来咨询，公司也给予了很多优惠：只要购买超过一定数额的产品，就能接受免费服务，直到所购买的产品用完为止。

对于年轻女性来说，这是非常有吸引力的，一个月的时间，公司的销售额就翻了好几倍,终于令A企业看到了曙光……

所谓对商业模式的破坏性创新,就是要通过重新定义顾客价值、改变提供产品或服务的途径,甚至改变收入模式,令品牌重新焕发活力。

很多企业不愿意进行较大规模的改革,或是不愿意在此方面投入人力和物力,是担心即便改革了,也不能令利润增加,结果"赔了夫人又折兵"。

的确,这种想法有一定的现实性。国内大多数企业的资金和规模都有限,经不起"折腾",一旦改革失败,很有可能一蹶不振。但不改革的话,企业同样会面临困境,这时候,管理者该怎么办?

首先,要进行有针对性的市场调研。企业花在研究"目标客户"上的精力越多,改革获得成功的概率就越大。

A企业的目标客户是都市年轻女性,它在进行调研的时候也将全部精力放在了这类人身上,不仅观察她们在其他品牌柜台选择产品的情况,而且关注她们还有可能去哪里。因为前者对A企业帮助并不大,尤其在产品同质化较为严重的今天,必须拥有其他品牌没有的服务才能得到顾客的青睐。

其次,问自己三个问题:打算怎么做?这样做,可能会遇到哪些困难?做好接受失败的准备了吗?

市场调查完成后,就应立刻对结果进行分析,最终讨论出解决办法。A企业的决定是:在门店旁边开设美容会所,用本品牌产品为顾客服务。这种做法虽然为企业带来了很多希望,但也存在风险。该企业的管理人员一定会想:得不到顾客的信任怎么办?能响应这种"号召"的顾客过少怎么办?既然问题被提出来了,就要对此进行解答:是否能令顾客相信,关键在于她们的体验,只要有人说"好",这个消息就会很快在女性当中传开。此外,A企业还想到了"保本"的方法,就是客户必须在购买一定数额的产品后才能接受免费服务,这个数额需要进行精密计算。

　　企业进行改革之时，管理者要做好"最坏打算"，如果你连这个都能接受，接下来遇到的困难就不可能将你打垮，因为你正在做一件"了不起"的事情，必须有足够的心理承受力。

　　过去，企业的创新主要集中在技术领域，而今天，管理者要将更多精力放在商业模式的创新上。互联网经济之所以能够迅速发展，原因就在于它的商业模式具有很大的可塑性，甚至可以称其为"弹性"，它可以容纳很多元素，并将它们调整至最"和谐"的状态。这对传统行业来说，同样是很重要的启发。企业是否具备竞争力，要看它能否对价值链中的要素进行拆解和融合。

　　建立新商业模式，还有另一种办法：为传统行业价值链中的要素赋予新的定义。这是一种新型的资源整合方式，要先进行细分和解构，再将它们重构和融合。这是为了不断摸索出适合企业的模式，同时令任何环节上的要素都存在创新的可能。新的商业模式一旦建立，就是其他传统模式不可比拟的。

　　很多企业为了寻找出路，将大部分精力放在研发新产品和新工艺上。这种办法比较"土"，无法令企业在短时间内看到成效，简单地说，你不知道自己能否收回成本。不妨多关注企业信息平台、网络平台、市场平台、服务平台等方面的建立和完善情况，摆脱旧观念的束缚，用创新的眼光去看待商业模式。

　　管理者想要有所作为，必须先调整思路，将创新的概念融入产品中。例如，苹果公司在2002年开发的iPod系列，就是将产品开发从技术平台转移至概念平台的典型代表。

　　新商业模式的建立离不开管理者对原有模式的剖析和对互联网商业模式的了解，在此基础上，还需要合理整合现有资源，有效利用它们的优势，这样才能在市场竞争中成为赢家。

3.扬长避短,"线上"带动"线下"

　　面对风头日盛的互联网经济,传统行业必须屡出奇招,才能"拯救"自己。既然对手很受欢迎,不妨借鉴它的经验,做到"实体店"与"网店"同时开,采取"线上销售"的方式,相当于给"线下"产品做宣传,同时又让顾客多了一种购物的选择,或是只在"线上"做广告,销售工作全部由线下完成。

　　以传统销售为主的企业,应当建立自己的网站。虽然很多企业做过这类尝试,却并没有重视它。打开某某公司的网站,几乎找不到有用的信息,甚至只有简单的介绍,这样既起不到宣传效果,也无法建立"线上销售"渠道。不妨认真做一个企业网站,把它变成与顾客互动的平台,全面介绍企业的情况,并及时更新产品和活动信息。如果能够把它变成一架连通企业和顾客的桥梁,就能更好地维护客情关系。

　　对于实力雄厚的企业来说,完成这件事并不困难,然而,国内很多企业规模尚小,想要建立和维护好网站可能有些困难。鉴于这种情况,商家应当保留网站中的"必要元素",例如企业简介、产品介绍、网上沟通渠道等。有些大型企业能够让网站更加丰富,并且及时更新,中小企业虽然还无法达到这样的水平,却应当重视企业网站的运作,尤其是重点环节,如新产品信息发布、优惠活动等,因为这些都是顾客非常在意的,商家若是做得好,就能吸引顾客的注意力。

　　G公司是一家专营汽车零部件的企业,虽然拥有较稳定的销售渠道,也掌握着不少老客户,但在市场竞争日益激烈的今天,G公司的业绩还是下滑了不少。面对这种情况,管理层决定"另辟蹊径",通过互联网宣传带动企业的发展。

起初,G公司建立起企业网站,并高薪聘请技术人才,将网站尽可能设计得漂亮些,公司有什么"新闻",也会令人第一时间在网站上更新,一段时间过去了,确实有客户找上门,但效果并不理想。

这时候,有人提议开通网上咨询渠道:在网站上设立聊天窗口,同时和总经办的几个文员的电脑连在一起,一旦有人点击,后台就能及时回应。

使用了这个方法后,G公司留住了不少顾客。直到有一天,某位客户的要求让该公司萌发了"网络销售"的念头。

这位顾客身处北方,他正需要G公司开发的一款产品,于是打电话过来,要求他们把该产品的检测过程制成视频,发送给他。看完视频后,对方当即询问能不能给他们寄去样品,这一来二去,G公司依靠网络联系完成了这一单生意。

有人说:"不如用现在比较流行的网络交易吧,安全便捷。"老总觉得这不失为一个好办法,于是在"天猫商城"办起了店铺,通过网络、实体两种销售方式同步进行,G公司在短短半年内营业额就提升了30%。

可见,在互联网飞速发展的今天,传统行业可以通过将这个元素加入其中,形成"线上"带动"线下"的经营策略,既保留原有运营模式,同时也能不断开辟新的销售渠道。然而,传统行业管理者不能盲目地将两者结合起来,以免出现意想不到的麻烦。这个过程中,商家一定要找准时机,并清除阻碍两者"合并"的因素,简单地讲,就是传统行业要做好充分准备。

首先,商家要保证充足的资金。电子商务前期投资较大,如果没有充分的思想准备,或是没能与股东们达成一致,很可能就会造成"半途而废"的情况。所以,商家要根据本企业情况,设计最适合自己的网络营销方案,以此来保证收益。

其次,商家要对"线上"、"线下"共同经营有一个合理规划。与"线下"销售相比,传统行业在启用互联网初期,"线上"销售情况可能会不及预期,这就容易让管理者和股东们产生分歧,后者一定会想:投入这么多钱,却只获得这些利润,甚至没有利润,是不是错误的决策?

所以,传统行业管理者一定要拿出能够激活"线上"销售活力的方案,例如,为品牌造势,实行一定幅度的价格优惠,提供更便捷的服务,等等。

值得一提的是,"线上"、"线下"时常发生矛盾,尤其是面对热门产品,当所有人都将目光盯着畅销品时,库存就会明显不足,商家把它们给任何一方都会让另一方产生异议。

想要解决这个矛盾,商家必须先摸清产品的底细,做好储备计划,以免出现"线上"、"线下"争抢的情况。此外,大型企业还应顾及经销商的情绪,及时调整营销方案。

总的来说,让"线上"带动"线下",就是将传统行业与互联网的优势联系到一起,起到扬长避短的效果。只要商家能够整合好资源,这种方式就能起到预想的效果;反之,则会令"线上"、"线下"资源相抵触。

4."两条腿走路"才更稳

从目前的情况看,传统企业不下决心"改革",是无法达到升级效果的,只有利用突破性战略,才有可能恢复"战斗力",做到与电商抗衡。

若是满足于原有的生产方式和销售渠道,企业就会变得被动,无法在市场竞争中掌握主动权。所以,不妨采取"两条腿走路"的方法,利用互联网的优势,对传统行业进行升级改造,增加其活力。

实行传统营销和电子商务双管齐下的战略,对改变传统企业有重大意义。面对互联网日益高涨的势头,企业想要变得更强,就必须借鉴别人的经验。然而,想要运用好电商平台,企业必须循序渐进。

首先,应当建立企业网站,已有网站的企业要强化管理,关键是要打造成商务型网站。很多企业网站只有"装饰"作用,页面上除了企业简介和产品宣传外,找不到更有用的信息。不妨多添加一些"链接",当客户有需要的时候,能够马上对企业的生产能力进行评估。此外,建立交流系统也很有必要,让企业与客户保持顺畅的沟通是发现商机的关键。

其次,企业要分出一部分资金和精力,用于电子商务平台的搭建,可以多引进一些复合型人才,既了解互联网,又善于管理,并且懂得相关技术。如果遇到这类人才,一定要重用。或是在企业中选择有潜力的员工,对他们进行培训,把他们当成储备人才。

Y公司是一家生产性企业,主营各种五金件,在高层管理者的带领下,公司规模一度发展得很大。近年来,随着互联网经济走上"舞台",传统企业市场明显缩小,面对公司营业额不断下滑的情况,Y公司决定对管理模式进行调整。

它调整的方向很明确:将互联网技术运用到企业运营中,同时保持原有的优势。

几年前,Y公司就建立了企业网站,只是一直没有打理,网站上的信息也是很久之前的。管理层决定,要完善网站功能,并开通网上交流平台,由销售部的几名员工组成客服组,如果有客户咨询,他们就马上给出回答。

但这明显称不上"电子商务",于是,该公司决定聘请有专业技术的人才,从事网站运营和维护工作,真正做到"两条腿走路"。

经过好长一段时间的筛选,Y公司终于招来了两名互联网方面的人才,暂时可以满足需要。后来,又挑选了几名计算机专业出身的员工,让他们二人带领大家一同搞好互联网管理工作。

去年底,Y公司凭借电商的帮助,首次逆转了前一年度亏损的局面,销售额和利润率都提高了不少。

可见,传统企业想要有发展,就必须利用一切有效工具,包括互联网,这是激发传统行业潜力的有效途径。

企业网站的主要作用是增强企业与客户之间的沟通,除此之外,企业还应当加强内部管理,意在降低运营成本。

传统的企业管理模式无法实现全覆盖,高层的指令传达到基层的时候,不仅时间延迟了,意思也变味了,这就说明企业要建立和优化内部网,必须完善企业管理信息系统,这是利用好电商平台的前提。

在选择管理系统的时候,一定要根据企业的基本情况,不能过于盲目。例如,某企业的产品品种较多,那么,与产品单一的企业相比,在选择和设计管理系统的时候,出发点是不一样的。

管理系统除了要适应企业的情况,还得具有包容性,毕竟很多传统企业在接触电子商务的时候,并没有放弃原先的管理、营销模式,若是该管理系统和原先的模式产生冲突,企业很容易陷入困境。

在电子商务建立初期,企业可能无法收获很明显的效果,这个现象是正常的,因为传统企业与电子商务在刚刚"接触"的时候,需要一个"磨合期",若是因此而放弃,对于企业来说就太可惜了。所以,传统企业的目光一定要放得长远些,既然选择了"两条腿走路",就应当坚定想法,并且不断完善企业的电子商务平台。

对于首次选择电子商务管理系统的企业来说,可以多咨询一些软件开发商,也可以对开发商的成功案例进行分析,看看是否真如对方所说的那样好。如果电子商务管理系统没有定位好,电子商务在该企业就不会有发展,同时,企业现状也将难以改观。

综上所述,传统企业想要通过电子商务提升竞争力,就必须有严谨的规划,既不能"随便"做个企业网站,也不能"随便"安装一个电子商务管理系统,而要先了解企业存在的问题和想要达到的目标,再进行具体安排。电子商务是高科技,企业不仅要引进它,还得进行科学的操作,所以要特别重视相关人才的招募和培养,同时做到了这些,传统企业才能有进步的空间。

5.从金字塔趋向扁平化的组织整合

目前,国内不少传统企业还停留在初级阶段,不论生产工艺还是管理模式,都存在落后性。随着电子商务的发展,这些缺点变得尤为明显,若是再不对企业的组织结构进行调整,后果可想而知。

组织结构的确立是一项复杂的工作,考验着管理者的综合能力。对企业的认知度是否到位?能否通过合理运作将传统企业的优势凸显出来?对电子商务的看法是否准确?想解答这一系列问题,首先要了解现有的组织结构对企业的好处及危害。

当传统企业置身于电子商务环境时,原先的观念、作风、习惯可能都要有所改变,当然,需要变化的还有业务流程、机构机制和职责等,目的都是为了让企业适应市场。然而,改变应当从高层开始,然后再逐步渗透下去。如果管理者缺乏主动性和积极性,企业是无法完成转变的。

电子商务对推动企业组织结构走向"扁平化"能起到很大作用,但这是分阶段逐步进行的,正因为组织结构关系到企业的根本,所以必须将此列为最重要的事情之一。

从原先的"金字塔"结构到"扁平化"结构,这不是一个小转变,而是一次巨大飞跃,因为涉及企业的方方面面,所以必须做好前期准备工作,先进行调查和研究,再做好系统设计工作。

企业想要变更组织结构,必须以适应市场要求为前提,否则,企业就会变得很脆弱,禁不起丝毫"风雨"。由于市场变化需要一定的过渡阶段,所以变更组织结构也要采取"渐进式"。

这样做有两点好处。

第一,通过循序渐进的方式,逐步调整企业的结构,能令每一次改动都在局部进行,很少波及其他部门,这样就不会伤及根本。如果方法是正确的,就可以顺利推广到其他部门;即便存在误区,伤害性也特别小,只要对局部进行调整就可以了。

第二,每个企业都存在不同之处,况且,在调整组织结构之前,肯定会参照其他公司的经验,甚至会出现"生搬硬套"的情况,这样就有可能产生失误。既然对企业的"改革"是逐步进行的,那么,即便出现状况也能及时纠正,对企业造成的负面影响较小。

甲公司是一家服装生产企业,虽然一直保持不错的业绩,但随着互联网经济的发展,还是显得有些吃力。面对这种情况,管理层果断提出"改革"的想法,不仅要拓宽销售渠道,还要对管理模式进行调整。

想要改变现有的工作方式,必须从管理层开始。由老总带领,组织管理人员参加培训,让大家对电子商务有更清晰的认识,然后再在企业内部举办培训,由他们将这些理念传递给员工。

一段时间后,甲公司的大部分员工都完成了培训,这是进行组织结构调整的准备工作。接下来,企业就要引进全新的管理系统了。

由于进行了很严格的挑选,所以员工表示该管理系统用起来很顺利,加之进行了为期三天的培训,在操作方面,大家都表示没问题。

对于实行"扁平化"管理,甲公司有自己的想法:有些部门可以弱化中间层,而另一些部门目前还无法做到。因此,只能先"试运行",避免因过于心急而产生不良结果。

于是,这项工作先在行政部、质检部、仓储部、生产部、设计部展开,财务部则还是按照原有模式进行。

这是为什么呢?原来,该企业的管理层中,几乎没有人是做财务出身的,并且对这方面也"一知半解",只好先撇开它。

在进行"扁平化"管理的部门,员工输入的信息很快会传送到高层管理者手中,而中层管理者要做的便是对已有数据进行分析,随后传送给高层。

当高层做出决策的时候,大部分邮件都会抄送给基层员工,但需要中层管理者尽快做出详细计划,经过高层审阅后,马上发送给下属。

半年后,甲公司的销售业绩有了明显提升,变化最大的是生产部和设计部,两者能够互相配合,高层管理者也能随时掌握最新生产情况。

以往,都是等到服装全部生产出来,即将打包入库的时候,才发现很多款式消费者已经不喜欢了。现如今,设计部员工能够对即将投入生产的服装款式进行修改,以保证它们成为畅销品。加之高层强化了对质检部的管理,保证了产品能够按质、按时地到达客户手中。

进行"扁平化"管理后,客户普遍反映甲公司的服装不仅款式好看,质量也特别好,由于定价合理,所以不管在网上还是线下,销售情况都特别好。

该公司之所以能够取得成功,主要是因为它用合理的办法对组织结构进行了调整,不仅适应了市场需求,还提升了所有员工的素质。

此外,调整企业组织结构的时候,还要注意其适应性。若是在调整后既不能适应内部管理需要,也不能适应市场环境,此阶段行动就是失败的。

虽说调整企业组织结构是优化企业管理模式的重要途径,但管理者却不能因此而盲目跟风。想要推动企业管理的"扁平化"进程,先要知道企业有什么样的基础,这样的基础适合对应什么样的"扁平管理"。"扁平"程度过大还是过小都会对企业造成负面影响,前者会令信息覆盖面不够广,导致管理者无法全面使用信息而进行科学决策;后者则会令中间层较宽,而提升企业运营成本。

组织是支撑现代企业整个系统的基本结构,为企业的管理运作提供了实施的保障和基础。组织管理是一门科学,是一门艺术。当代成功企业的领导者,都以其超凡的智慧和科学的运作,向人们展示了组织艺术的魅力。

时代在变化,市场在变化,企业组织管理也要随之变化。在现代市场环境中谋求生存发展的企业,如果不能在发展的动态过程中经常进行组织结构的调整、组织制度的创新和组织管理的整合,就不能确保企业组织的高效运营,就无法适应新的时代、新的市场、新的竞争和新的挑战。

生命在于运动,组织在于整合。在竞争激烈的世界经济一体化的形势下,企业要经常围绕企业工作目标,以高效运营为原则,动态地调整组织结构,以适应新的挑战。

组织整合时要贯彻如下两项原则:

(1)目标一致的原则

一个组织结构,如果能使个人的贡献有利于实现企业的目标,那就是有效的。组织的结构和活动都必须用符合目标(无论是总目标还是派生目标)的有效性标准来衡量。任何背离组织目标的触动组织结构的活动,哪怕是贴着最时髦标签的方法,都是有害的、不允许的。

(2)高效的原则

一个组织结构,如果能使人们(指有效能的人)以最低限度的失误或成本（超出通常把成本看作完全是以货币或工时作计算单位的范畴）实现目标，那就是有效的。效率原则是衡量任何组织结构的基础。

即使最切合实际的目标在低效组织面前都会成为泡影，低效组织最终会因自身的低效而解体。

6.信息技术把众多组织连成一体

美国《商业周刊》杂志认为：因特网从一开始就从全球观点出发考虑问题，它没有受国界的限制，把世界真正变成了一个"地球村"。信息的指数增长和网络通讯的发展正在使各种跨国网络及协会的建立成为可能，而这些网络和协会往往会导致更实质性的组织结构的形成。信息的全球化正在导致更多的公司向全球化发展，这种趋势早在20世纪80年代中期就已经开始了。例如，耐克(Nike)在亚洲生产鞋了；麦当劳正在世界各地开设分店，把它的汉堡包卖到了从莫斯科到北京的各个城市，其营业额的一半以上来自美国以外的地方。全球化的发展，已经使跨国公司发展到了无国界公司。

许多跨国公司已渐渐意识到必须把世界当作它们的工作场所和市场。全球化不是公司成长的附带结果，而是正在成为战略的核心。各大跨国公司在进行全球化的同时，也在加快公司本土化的进程。因为不同国家，乃至同一国家的不同地区，都有自己与众不同的地理环境、历史传统、风土人情、消费习惯等，这往往使其对外来的事物有着潜意识的排斥心理。

所以，公司在进入一个陌生的环境之前，必须对即将进入地区的诸多因素进行详细分析，尽量将自己的产品调整成为适合目标市场的产品，实现公司的产品本土化。除此之外，公司还应适当地参与该地区的建设，以积极的态度融合于当地，实现公司自身的本土化。例如，麦当劳快餐店在全球众多国家都有分店，但它在各国乃至各地区提供的快餐种类并不完全相同，而是根据当地人的生活习惯和口味偏好选择适宜的品种，并且还根据当地人的口味开发新的快餐种类。麦当劳的这种经营方式使得它的快餐风靡全球。

信息技术的发展、网络的出现，使得组织的边界模糊化，使组织跨越地理的限制进行活动成为可能。但是，尽管新的、灵活的组织边界出现了，大公司却不会将自身分解为按每个项目组合的制作公司。大公司将继续像以往那样平衡工作负载——不过，他们将使用信息技术来更有效地做到这一点。每个公司都会经历寻找自己最理想的规模和组织结构的过程，虽然主流趋势会一直朝着缩小整体规模的方向发展。网络技术的出现使公司得以将分布在世界各地的组织连成一个整体，就像组成一个数字神经系统。数字神经系统是一个整体上相当于人的神经系统的数字系统，它提供了完美集成的信息流，在正确的时间到达系统的正确地方。数字神经系统由数字过程组成，这些过程使得企业能够迅速感知其环境并做出反应，觉察竞争者的挑战和客户的需求，然后组织及时的反应。

例如安达信咨询公司在全球有大约两万名咨询人员，他们分布在不同国家和不同地区，并参与不同的项目组进行工作。但是安达信公司通过莲花公司的Notes软件把这些咨询人员连接在一个它称为"知识交易所"的网络上。这个知识交易所拥有2000多个全天24小时开放的数据库，由咨询人员不断予以更新。

当今企业中比较受人羡慕的个人发展前景和提升途径主要集中在经理、高级主管、董事长之类的位置上，因为无论从薪金、福利、支配他人意志和个人较少违心等各个方面，这些在企业界都是不能等闲视之的职务。但是在未来的知识型组织中,专家的心愿是在各自的领域有所建树和实现自我。比如,第二小提琴手的愿望可能是第一小提琴手,或者是被更有名的乐团高薪聘请;医生的希求可能是对于某个不治之症的突破和较高的医务技术威望。对于这些专家,很难用乐团的团长、医院的院长等头衔来继续进行激励,因为到那时,这些位置的权力效应和社会效应都会有很大变化。当然,未来社会中如果仅仅有各专业的特殊系列职称,可能也会出现某些问题,因为这些特殊的职称毕竟缺少比较直接的社会可比性和通约性。

传统大企业的组织结构往往是垂直型的,中间管理层次多,责任分工不明确,不便于管理,而且信息的传递速度慢,致使企业对市场变化和顾客需求的反应速度迟缓。在知识经济时代,企业想要更好地面向市场,加快对市场变化的反应速度,就必须改变传统的组织结构,建立一种面向市场的、扁平化的组织结构。

扁平化结构的优点是通过减少管理的层次,减少决策与行动之间的时间延滞,加快企业对市场和竞争动态变化的反应速度,从而使组织的能力变得"柔性化",反应更加灵敏。之所以提倡这种变革,是由于过去中层管理者的作用是监督别人以及采集、分析、评价和传播组织上下和各层次的信息,但是,这一功能正随着电子邮件、声音邮件、共享数据库资源等技术的不断发展而减弱。而减少层次的潜在效应在一定程度上有助于加快个人与小组对竞争与市场变化的反应,并实施更大跨度的控制,从而适应不断增加的工作量和更广泛的任务要求。

组织结构扁平化意味着打破部门之间的界限,任命跨职能的任务团体,进行对等的知识联网,使每个人都成为网络上的一个节点。这使得企业能够把人员组织和协调起来,按照市场机会去组织跨职能的工作。团队的成员彼此依赖各自的能力,团结协作。每个人都有可能成为项目的领导,或者在一个项目中担任领导而同时在另一项目中支持其他领导。

每个人都是网络中的知识贡献点和决策点,每个人都可以感受到自己的权利和价值。显而易见,扁平化的组织结构更能够发挥人的主动性和创造性,更适应知识经济时代的要求。为此,许多大企业都纷纷减少管理的层次,建立扁平化的组织结构,设立多功能、多单元、灵活的工作小组。

美国管理学家彼得·德鲁克曾这样描述新的组织形式:"20年以后,大企业的管理层次将比今天的企业的管理层次减少一半以上,管理人员将不会超过今天的1/3。未来的企业可能会很像医院、大学、交响乐团,这类组织中的信息主要是"病历"、"教材"、"乐谱",组织协作所需要的是大量的专家,中间管理人员在这里往往是多余的。"

知识型组织中的"指令"基本上是专门技术,常常表现为电子邮件之类的"电子脉冲"。随着信息传输效率的提高,非技术人员和非生产性劳动将被淘汰和否定,那时,企业将和上述的交响乐队等一样,成为主要由专家组成的知识型组织。这些专家从同事、顾客和总部获得系统的反馈信息,用以指导自己的工作。

从某种意义上说,知识型组织很可能更像100年前的企业,而与今天的大公司大不相同。在当时的企业中,只有最高层的领导人才懂得经营业务。其余的人只是助手和劳力,不过是按照命令行事和重复相同的工作。但与过去企业不同的是,在知识型组织中,懂得经营业务的人将主要是基层工作人员,这些专家各自从事不同的技术性工作,又由于技术经验的独占性而拥有很大的自主权。

第四章

移动时代，整合营销赢天下

营销策略的出发点是营销视角。今天，我们能够深刻地体会到，移动互联网正不断"侵占"我们的时间和注意力，公司、家里、上下班路上，人们随时随地都在用各种移动设备浏览移动互联网，任何一个社会热点出现，都会迅速在微博里广为传播，任何一个有趣的话题都有可能引起网民的集体狂欢。这种大背景下，企业首先需要解决的是重新审视自己的传统营销思路，并结合新时代的规则挖掘属于自己的新的营销视角。

1.精准投放,最大的"福利"

精确营销将取代传统的撒网式营销,移动互联网广告的投放将更加精准,这种精确不仅体现在投放的准度上,也体现在投放内容的个性化方面,所以,对消费者的刺激作用更加明显。

首先,使用移动互联网的用户的信息是可以被追踪、搜集和分析的,消费者的兴趣和需求可以被判断。

其次,通过各种新技术,尤其是大数据,企业可以将客户关系管理数据库与人格营销联系起来,对具有不同人格和偏好的群体设计不同的营销、沟通方案,确保营销过程不使用户反感。

2006年5月,世界著名运动品牌阿迪达斯在中国联通手机平台上进行了广告的精准投放,它选择了WAPPUSH(又叫作服务信息或推送信息)和"互动视界"文字链接两种广告形式,相比传统的随机广告弹窗,这次精准投放的效果很理想:文字链接的点击率是4.25%,WAPPUSH的点击率是4.38%,注册率也达到了4.32%,而用户投诉率为0。通过这些数据,我们可以看到,手机广告的精准投放达到的平均4%以上的点击率远远大于网络随机广告弹窗千分之几的点击率,其购买转化率更是令企业惊喜不已。

移动互联网时代,想用手机赚钱,就不能放过手机广告精准投放的巨大价值,因为这种精准投放及其后续营销拥有其他媒介不具备的绝对优势。

移动互联网的最大优势就是相比传统媒体的单向推销,拥有更加丰富的互动性。消费者变得更加主动,他们会随时随地通过移动互联网来搜寻自己想要的信息,同时,他们也会主动忽略或屏蔽那些自己不喜欢的营销广告。这种变化要求企业及时跟进,通过APP、微信、微博等诸多渠道和移动互联网用户进行频繁、深入的互动,打破自己原先的"冷冰冰"的企业形象,在移动互联网上塑造一个亲民的"人化"形象。

联合利华公司旗下品牌多芬近年持续推广崇尚美丽的"真美运动",通过深入的互动极大地提高了人气与销量。多芬不仅强调用户与品牌的互动,还看重用户与用户之间的互动。

首先,多芬推出了"真美运动"的官方网站,提出了互动话题"什么是真正的美丽"并设置讨论区供用户互动讨论。很快,这个网站成为了女性讨论美丽话题的全球性社区。同时,多芬还在网站上开设专家专区,并提供与美丽有关的各种调查、白皮书、报道等。

其次,多芬开展"评选真美女性"的互动活动,该评选由大众评审投票决定。为了调动用户参与的积极性,多芬在纽约时代广场做了一块互动式投票显示屏,使得每个人都有表达意见的机会。

在系列互动取得广泛关注后,多芬又及时推出互动网络短片。这个一分钟左右的短片用真实的镜头记录了一个长相普通的女孩是如何通过化妆、PS等成为超级模特的,视频最后的字幕写道:"毫无疑问,我们的审美被扭曲了。"借此向公众传递多芬的"自然美"观念。该视频在网络上的点击率与转发量惊人,并引起了广泛的争论。

这一系列互动营销活动推出仅两个月,多芬在美国的销量就上升了600%;半年之后,其在欧洲的销量也上升了700%。

移动互联网消费者不喜欢单向、强制式地接受广告,他们希望自己去体验、去发现、去感受,同时,他们也渴望与其他人分享这种亲身体会的感受。因此,企业不仅要学会主动和用户互动,还要在用户与用户之间搭建一个交流的平台。

在诸多刚刚兴起的移动互联网营销思路当中,最博人眼球的就是"粉丝经济"。大部分使用移动互联网的人都有自己的社交网站的账号:人人、微博、微信……网络社交生活化成为了一个不可避免的趋势,因此,社交网站的基础——好友,也就是俗称的粉丝,成为了一个重要的营销落脚点。

移动互联网时代,粉丝经济至少可以有两种解读:一是通过对企业品牌的塑造,吸引一批十分认同企业价值观的忠实客户,例如赞赏苹果创新与个性精神的"果粉"就为苹果创造了大部分的收入;二是通过对企业在移动互联网社交门户上的长期经营和推广,积聚一大批关注者,并据此开展各种营销活动,利用舆论热度来提高营销效果。对企业来说,这两者都不容忽视。

国产知识性脱口秀类栏目、自媒体新秀"罗辑思维"一经推出,就斩获无数粉丝,其每期的网络点击率高达百万以上。但如何将粉丝转化为收益呢?该栏目的主创兼主持罗辑的做法让人们眼前一亮。

2013年8月初,"罗辑思维"的微信公众账号推出了"史上最无理"的付费会员制:5000个普通会员+500个铁杆会员,会费分别是200元和1200元,为期两年。这种"抢钱"式的会员制居然取得了令人惊讶的成功:半天之内,5500个会员全部售出,160万人民币入账,其粉丝的忠诚度可见一斑。

有人会问,这些会员用真金白银对罗辑表示支持,具体能得到哪些好处呢?罗辑很快就给出了答案。他先后几次提供会员福利:第一时间回复会员资料的会员将获得价值6999元的乐视超级电视——这相比他们付出的200元会费实在是赚大了!而先后送出的总共价值7万元的超级电视并不需要罗辑掏一分钱——这是乐视免费赞助的。

从罗辑的粉丝营销案例中,我们可以看出:他首先通过其优质的内容产品将有相同价值需求的社群聚集在一起,通过收会员费的方式赚取收益,同时进一步增加粉丝黏性。然后,他以这个忠诚度极高的群体作为基础,向需要精准营销的品牌提供合作机会,自己则作为社群与品牌的链接,形成自己的稳定收益来源。

2.要素与优势:有针对性地展开信息

精准营销是与大众营销相对而言的,凡是能够精且准地找到目标客户或潜在客户的营销都是精准营销。所以,精准营销的形式是多种多样的,例如话告、点告、窄告、直接邮寄、一对一营销等。

事实上,衡量一种营销方式是否是精准营销的关键,在于这种营销是否是基于客户信息有针对性地展开的。

精准营销的三大基本要素。

怎样的营销模式才能被称为精准营销呢? 这就需要通过精准营销的三大要素来进行辨认,这三大基本要素缺一不可。

(1)目标精准,资源集优

精准营销的首要特点就是目标精准。如果说传统营销是"机关枪扫射",那么精准营销就是"点射",即将企业的广告呈现在最需要它们的人群面前,以产生尽可能大的回报。

著名国际时装品牌宝姿每年都会在北京、上海两地举行两次展销会。但如何高效率地吸引其目标客户参加展销会是其市场营销人员面临的难题。营销公司根据宝姿的品牌定位以及活动目标,选择月收入在

5000元以上、年龄在25~45岁之间的女性消费者作为邀请的目标对象,通过富有诱惑力的直邮直接邀请目标对象,解决了宝姿的难题。

不论你做什么,一定要先明确谁是你的目标顾客,并且设法了解你的目标顾客,包括他们的生活习惯及偏好,然后主动出击,将有限的广告资源用在投入产出比最大的地方,从而提高企业的收益。

另外,在现在的报纸杂志上,提到精准营销,必提到网络营销,诸如窄告、点告、话告等。千万不要认为精准营销一定就得借助网络。其实,凡是营销目标精准的营销都是精准营销,网络和计算机技术只是为精准营销提供了便利——网络使得企业与顾客之间联系更加方便,而计算机技术则使得企业整理数据更加便捷。

(2)走进客户的世界,潜移默化地渗透

如今,人们越来越忙,消费者在买什么和从哪种渠道了解产品、服务及销售商的问题上,有着多种选择,可以以他们想要的价格去购买那些满足他们需求的有特定特性和利益的产品。所以,今天的市场营销应该是渗透式营销,企业不再只是营销它们的产品,而是进入到消费者的世界。而这正是精准营销能做到的。

进行精准营销,首先要分析出目标顾客的需求点,然后依此需求开发出产品并说服消费者购买。精准营销注重与顾客的沟通,走进顾客的世界,使得企业和顾客的目标逐渐一致,并达到统一。蒙牛酸酸乳当年在这方面就做得很出色,它把酸酸乳与"超级女声"的"酸酸甜甜"联系在一起,选择"超女"为之代言。由于选择了恰当的营销方式,蒙牛的品牌价值迅速升值。

另外,精准营销在目标顾客的日常生活中频繁出现,潜移默化地影响着消费者。精准营销在目标顾客的日常生活中开展无指向性的宣传,通过赞助各项活动、举行专题研究会、进行调研和加入行业联合会等途径来影响消费者。要记住:营销人员不只要关心销售产品,还需要推动自身及顾客的共同目标的不断发展和更新。

(3)市场情报的收集和研究

精准营销须注重对市场情报的收集和研究，注重对目标人群的分析，注重客户的反馈。精准营销人员明白"没有调查，就没有发言权"的道理：在很多时候，市场的真实情况都与营销人员的想法有很大的出入。所以，精准营销人员须设法使自己与市场取得联系，以了解市场。

反过来说，只有了解市场、了解顾客，营销人员才能真正做到投放精准。否则，只能是"想当然"的精准，效果可能还不如传统的营销方式。

精准营销有如下两大优势：

(1)精确性

相对于传统的营销方式，精准营销的一大优势就是精确，表现在三个方面。

第一，受众精准。由于精准营销注重研究谁是自己的目标顾客、潜在顾客，以及他们的生活习惯及个人偏好，所以企业会更加准确地将产品及服务信息传达给那些需要信息的人。

第二，效果精准。由于精准营销了解消费者，所以企业可以制定针对特定群体的营销方式，将营销盲点降到尽可能低，使得受众看到宣传就有较深的印象，从而达到效果精准。

第三，费用精准。费用精准主要是针对企业而言的，由于只需针对目标顾客进行营销，这自然会使得营销的回报率高，也减少了企业资源的浪费，从而使得企业的收益提高。

(2)可控性

精准营销的另外一个优势就是可控性。由于是企业自己来选择营销的受众群体，这就使得企业可以随时跟踪营销效果，并随时进行调整；而且，由于精准营销注重客户的反馈，这就使得企业能相对及时地调整营销策略以取得更好的效果。

3.整合碎片时间,营造完整体验

先来看一组数据。

根据腾讯发布的一份涵盖中国各大城市网民的网络使用报告显示：有73%左右的网民会在等人的时候用手机上网，有68%左右的网民会在公交车或是地铁里用手机上网，有57%左右的网民会在晚上睡觉前用手机或平板上网。

可以看出,移动互联网正无孔不入地填充着我们生活里的碎片化时间。本来,用智能手机等移动终端上网只是一种对PC端互联网的补充,是上下班途中的消遣,但随着这种碎片化上网的时间不断增多,我们越来越习惯于从移动终端上网。上网习惯的改变从根本上造就了移动互联网时代的种种特殊性。

也许你已经发现自己正在变得越来越没有耐心：没有耐心读完一本书,总是看几页就丢;没有耐心看完一整部电影,总是要按快进键……与此相对应的是,我们总是不由自主地拿起手机,拿起平板电脑,打开微博看看新鲜事,打开微信刷刷朋友圈,看看新闻,玩玩游戏……就这样,一个晚上过去了。

这种变化正是移动互联网时代带给我们的"碎片式"生活体验：时间碎片化、信息碎片化、体验碎片化。当然,企业的营销思路也要顺应这种碎片化。

随着各种移动终端以及移动互联网的发展,人们的阅读、娱乐习惯早已从一屏转向了多屏。从前那种守着电视机就能过一个晚上的时代早已一去不复返。有调查数据显示,只有约10%的网民在看电视时从不查阅手机,绝大部分人都是同时使用两屏、三屏甚至四屏。

这种多屏互动的习惯使得他们在每屏花的时间和注意力都是碎片式的,因此,移动互联网营销也要更加强调精准和细分,在各个碎片式的营销接触点上与消费者进行高效的沟通,只有这样,才不会被新一代移动互联网消费者所抛弃。

下面通过一个案例来介绍一种基于时间碎片化的营销新思路。

2013年5月,蒙牛真果粒在新浪微博和腾讯微信上同时开展了一场名为"寻找真实自我,真自游"的活动。该活动的规则很简单,用户只需要拍摄并上传一张与"展现真我"主题相关的照片即可。由于活动参与门槛很低,参与方式方便,主题贴近用户生活,加上活动设置的单反、旅行套装等奖品诱人,所以很快便吸引了超过150多万热心网友参加,仅新浪微博就有超过80万的转发量。

这次营销活动值得我们借鉴的地方有两点:一是简化活动参与方式,最大限度地节省用户时间;二是巧妙设置活动主题,用"寻找真我"来引起在碎片化生活里渐渐迷失的用户的共鸣,同时还符合蒙牛真果粒的产品卖点:"真"。这个案例也告诉我们:时间碎片化给移动互联网用户带来的除了高效和方便,还有遗憾与缺失。而无论前者还是后者,都能作为企业进行营销策划的重要参考方向。

营销传播的本质其实是对消费者时间的"抢占",谁能抢占更多的时间,谁就能取得更好的营销效果。当消费者的时间变成一块块碎片时,企业就要学会改变思路,用各种方法高效地利用这些碎片时间,并通过不同的营销渠道、营销手段将这些碎片时间拼接在一起,给用户一个完整的营销体验。

(1)用户时间有限,营销突出亮点

移动互联网用户的碎片时间有限,他们停留在你的营销页面的时间很短,如果你提供的产品、服务及其显示方式不能最快地抓住他们的心,那他们一定会在第一时间挪开自己的眼睛。而且,移动互联网用户的时间虽然变成了碎片式的,但他们的记忆具有较强的延续性,同样一个广告,如果他们第一次浏览之后发现不喜欢,那当它再次出现时——哪怕作了一些调整,他们也会迅速回忆起上次的选择结果,并相信自己的选择,再次忽略它。这种规律使得企业做移动互联网营销的难度变得更大。

所以,为了迅速抓住用户,营销内容必须突出亮点。

"全球健身中心"的一条推广睡前瑜伽的微博正文一上来,就以"绝""失眠粉碎器"等字眼吸引了受失眠困扰的用户,并以简短的语言、精炼的步骤在140字以内清楚地介绍睡前瑜伽的做法,还配上详细的动作流程图,让用户感受到了它的专业。该微博仅发出一小时就获得了上千的转发。

困难催生的往往是质变。要想掌握移动互联网用户千奇百怪又变化万千的口味,就需要彻底地更新自己的营销思路,并学会使用相应的新技术。建立碎片化营销思维,利用大数据搜集、分析移动互联网用户信息和喜好,采用O2O(线上到线下)的互动方式将用户的碎片时间串联在一起。

虽然移动互联网用户的时间是碎片化的,但他们的需求依然是完整的,你的企业要做的就是用上述思维和手段还原、开发出他们的真实需求,甚至为他们打造一个专属的个人货架。

(2)用户口味多变,完善营销形式

碎片化时间带来的是移动互联网内容的改变。原本风靡一时的博客渐渐被内容更加短小精悍且有趣的微博替代;原本一条条内容翔实的手打短信也被微信的即时语音聊天功能所取代;从前人们从报纸专栏和专家博客上学习专业知识,现在只要打开种类繁多的手机APP,就能获得各行各业的新鲜、专业资讯……一句话概括:移动互联网时代的主流内容的特点就是短小精炼、新鲜有趣、传播迅速。这就要求企业在进行营销策划时,要更加注重文案和创意水准。

　　去哪儿网的微博的促销信息除了充满诱惑力的文字外,还常常配有精美图片和旅行视频,让用户能够全方位地了解活动内容。同时,为了整合用户的碎片式体验,去哪儿网不仅在微博上做营销推广,其微信公众账号、百度贴吧、官方网站等也都同步进行宣传。这种多形式、多方位的营销策略促使用户认真思考自己是否具有相关需求。

　　去哪儿网抓准"五一"假期,推出"五一免房节"活动,用多种形式渲染其互动促销的劲爆程度,很快便获得了数万转发量,更有许多粉丝留言:"本来五一打算宅在家里的,看到这个活动有点蠢蠢欲动呀!"

　　移动互联网时代,在内容上鞭策企业的不只是内容自身的特点,还有内容提供者。移动互联网时代是一个自媒体时代,人人都有机会发言,人人都能成为传播热点。也就是说,人人都有机会成为优质内容的提供者。此时,企业要想以内容吸引关注,进而开展营销活动,不仅要和同行竞争人气,甚至还要和自己的潜在客户"抢粉丝"。为了从一般的自媒体中杀出一条血路,企业需要学会升级自己的内容形式,从文字到图片,从图片到动图,从动图到视频……发挥自己的资源优势,全面提升内容的等级,这样才能在争夺消费者碎片化时间的内容"战役"中占得先机。

　　(3)用户无处不在,营销随时随地

　　碎片化时间消除了传统营销的时空限制。时间上,一天24小时都有人在浏览移动互联网;地点上,从家里到公司,从公交车上到餐厅里,几乎每个地方都有人在使用移动互联网。这种改变使得传统的营销时空规律不再具有适用性,这其实是一种巨大的机遇,因为这表明你的营销活动不仅可以随时展开,还可以得到即时的响应。从前做营销活动往往需要进行长期的筹备,需要拉人气,需要安排人手,需要核算成本……移动互联网时代的营销活动大多在网上展开,一个微博促销活动只要策划得有新意、有诱惑力,就可以在微博发出去的几小时内吸引几十万甚至上百万人的注意。也就是说,移动互联网时代的营销门槛被大大降低,营销效果却得到了大幅提升。当然,这也意味着竞争会变得更加激烈。

总之,碎片化时间全面而深入地影响着移动互联网营销。它既是移动互联网营销得以产生的根本原因之一,也是移动互联网营销能够发挥作用的重要落脚点。企业需要深入地考量时间碎片化之于用户的意义,才能精准地把握营销方向。

4.“一人一机”,精度决定额度

传统市场营销理论要求企业围绕产品(Product)、价格(Price)、促销(Promotion)以及渠道(Place)这“4P”制定营销战略,开展市场营销活动,也就是常说的“4P营销”。但是,随着经济的发展,市场营销的环境也发生了很大变化。一方面,产品的同质化日益明显;另一方面,消费者的个性化需求不断增强。因此,美国营销学者劳特明又提出了新的“4C营销”,即顾客(Consumer)、成本(Cost)、便利(Convenience)和沟通(Communication)。“4C理论”认为,对现代企业来说,重视顾客要比重视产品更重要,企业必须从消费者的角度出发,为消费者提供最优质的服务。

进入到移动互联网时代,精确营销成为了当前营销市场的一大主流趋势。它在“4C理论”强调顾客的基础上,不仅要求精确地定位客户,还要求建立良好的客户关系,并能够熟练地使用客户数据库。高要求带来的是高回报,精确营销给企业带来的回报就是:客户更有价值,营销成本更低,营销过程可测试,广告价值可衡量,进而企业利润也可以预测。

我们看到,传统的营销模式有些类似于战争中的狂轰滥炸,而精确营销就如同现代战争中利用先进的定位系统来有效打击目标的做法。当产品日趋同质化、价格战使得利润空间日渐趋薄的时候,企业为了在竞争中体现出差异性,纷纷高举服务牌、文化牌和品牌等。面对这种情形,谁能够把握客户的需求,分析趋势,把握潮流,将个性化服务精准地呈现到消费者眼前,谁就能够将营销工作做深、做细、做透,能够牢牢占据更多的市场份额。

营销理论的发展是在技术的推动下完成的。传统营销环境中,由于没有移动互联网及其相关技术的支持,营销人员只能形成这样一套相对模糊的固定模式:先分析各大传统媒体的受众,然后根据自己的产品特点来选择相应受众最青睐的媒体进行广告投放,如在电视上投放生活购物广告,在报纸上投放房地产、汽车广告,然后就是等待广告效果。可以看到,这种营销的精准性存疑,很多营销资源都在各个环节中被浪费掉了。

移动互联网的兴起使得智能手机、平板电脑等成了新的信息传播渠道,而它们拥有电视、报纸等传统媒体所不具备的强大信息记录功能。我们在什么地点选择接上移动互联网,主要浏览哪些网页,在每个网页停留多长时间,搜索过哪些关键词……这些信息都被悄悄记录了下来。最终,通过这个信息数据库及定位技术,企业不仅可以分析出你的兴趣爱好和消费习惯,还能推断出用户的即时状态,并预测用户的当前潜在需求,从而适时推出自己的相关产品和服务。

GPS(全球定位系统)几乎是我们现在生活中必不可少的一项服务。不要小看GPS定位技术,它在为我们的出行提供方便的同时,也为企业精确定位提供了支持。通过定位技术,企业可以知道一个用户下午两点在一条商业街附近,并根据数据库里的信息结合当前的时间、地点来推测该用户的状况,进而判断其最有可能去哪里吃饭或去哪里购物。得出这些结果后,附近的餐饮和购物中心就可以向他推送他最感兴趣的食物和商品的优惠信息。通过定位技术,企业还能追踪用户的移动轨迹:去过哪里,经常去哪里,在每个地方停留多久……这样,就相当于绘制出了一张用户的"消费地图"。有了这张地图,企业就可以在准备做活动推广或促销时,更加准确地知道如何针对不同人群提供不同的营销方案。

举个例子,某商场周末要搞促销活动,首先,它将不同的目标人群根据其"消费地图"进行归类:一是经常逛该商场,最有可能参加该活动的人;二是经常逛商场,但来该商场次数不多的人,他们也有参加这次活动的可能;三是经常逛商场,但从未来过该商场,他们来参加活动的概率比较低。对第一类人,商场主要应做好活动内容与现场互动,在宣传时不必刻意强调商场地点;对第二类人,商场要将促销的亮点进行包装,给他们足够的理由过来;对第三类人,除了对营销信息进行优化,还要标注好商场的具体位置和详细的交通线路图。

移动互联网精确营销的基础是"一人一机",移动设备的使用者是唯一的,因此,对其长期数据的分析可以形成一对一服务的基础资料。例如,在向其推送信息时,可以根据其特点设置个性短信,这种精确性使得直接营销的能力大大加强。

5.讲述品牌故事,打造网络口碑

故事是最容易被人接受的内容形式,而且也最容易说服读者。通过微博、微信等社交媒体传播一些关于企业创业过程、品牌价值观等方面的故事,是在移动互联网端口塑造企业品牌形象的重要方法。这类内容多以故事为载体,生动地阐述一个企业的创业思路与得失,并通过故事里包含的真实案例来讲解品牌的定位与坚持。这种内容对移动互联网用户来说，既有学习的价值，也有消遣的作用，所以十分受欢迎。

以苹果为例，苹果最大的代言人就是其创始人乔布斯。为了打造苹果自身的"科技创新者"与"行业领军人"形象，他们从乔布斯身上不断挖掘可讲述的故事，下面就是一则流传很广的关于乔布斯创业精神的故事。

1976年，史蒂夫·乔布斯的朋友沃兹尼克设计出了一款微型电脑，乔布斯察觉到了其中的商机，极力劝说沃兹尼克辞职，与他合作开一家新的科技公司，公司的名字就叫"苹果"。1977年4月，苹果推出了世界上第一台真正的个人电脑——AppleII，从此，个人电脑行业创立。当年，苹果的产值一下突破了100万美元。1980年，苹果在美国上市，股价一路飙升，乔布斯和沃兹尼克也因此成为了亿万富翁。到1984年，苹果的员工已经有4000名，资产超过了20亿美元。同年，苹果又推出了Macintosh产品，也就是著名的苹果Mac机。

好景不长，戏剧性的一幕发生了：乔布斯被苹果"踢出了门"，而踢他出门的正是他亲自请来的管理者约翰·斯高利。乔布斯一气之下卖掉了自己持有的苹果股份，重新创业。乔布斯后来回忆说："我当时没有察觉，但事后证明，我被苹果炒是这辈子发生的最棒的事情。因为作为一个成功者的美妙感觉被作为一个创业者的轻松心态代替，这种感觉让我生活得自由，由此也进入了我生命中最有创造力的阶段。"

刚开始，乔布斯创办了一家名为NeXT的电脑公司，主要业务是开发电脑新技术。1986年，他独具慧眼地以1000万美元的价格从美国电影电脑特技之父卢卡斯手中买下了当时很不景气的电脑动画制作工作室，并成立了后来享誉全球的皮克斯公司，转战动画领域。1995年，皮克斯公司制作的3D电脑动画片，也是世界上第一部用电脑制作的动画电影《玩具总动员》面世。这部3D动画片不仅在市场上大获成功，而且对传统的动画影片产生了巨大的影响。皮克斯公司当年迅速上市,并一举成为3D电脑动画的先锋和霸主。随后的《海底总动员》《超人总动员》等一系列动画电影的成功,不仅展示了皮克斯无可匹敌的技术力量,更体现出了一种生机勃勃、充满想象力的鲜活动力。

就在皮克斯如日中天的时候,苹果却在新的竞争中江河日下,即便连换了几任总裁也无法挽回颓势,于是,乔布斯的机会来了。由于对苹果的深厚感情,1996年,乔布斯将NeXT公司卖给了亟待新技术支持的苹果,他因此担任了苹果公司的总裁顾问。1997年,乔布斯再次成为苹果的总裁。重回苹果的乔布斯立刻对苹果进行全面而彻底的整顿。在他的领导下,苹果在短短的10个月时间里开发出了一款极具个性化风格、塑料外壳包装的iMac电脑,震惊了整个电脑界,并在市场上大获青睐,沉寂已久的苹果终于重放光彩。

2000年,苹果出现季度亏损,股价随之下跌。在这关乎苹果存亡的阶段,乔布斯再度凭借他的天才创造力和独到的商业眼光拯救了苹果:他决定从单一的电脑硬件生产向数字音乐领域多元化转变,并于2001年推出了个人数字影音播放器:iPod。这款iPod成为苹果全面翻身的一支"奇兵"。2004年,全球iPod销量突破45亿美元,到2005年下半年,苹果已经销售出了2200万枚iPod数字音乐播放器。

这当然不是结局。2007年,乔布斯带领苹果高调进军智能手机行业,推出了风靡全球的iPhone,迅速击败了诺基亚、三星等手机品牌,在智能手机领域一枝独秀。乔布斯是当之无愧的科技创新弄潮儿,他骨子里存续着永不衰竭的创新力和创业精神。正如在苹果负责iPod部门的副总裁托尼·弗德尔说的那样:"没有人知道乔布斯的盒子装着什么颜色的巧克力糖。他从来都不在乎输赢,在他的脑子里总是想搞出点新的名堂。"

类似的故事还有很多,其中不少都是果粉自己根据乔布斯的传记整理的。而对于那些没有如此强大粉丝基础的企业来说，就要学会自行撰文讲述自己的企业故事。

在定性调查中，我们发现，消费者获取信息的来源通常有四个：朋友推荐、网络口碑、广告及大众媒体宣传和销售员讲解。对于大多数消费者来说，他们参考的信息来源首先是朋友的推荐，其次是在网上查询品牌或者产品的消费者评论，而广告及大众媒体的宣传主要提高了品牌知名度及普及了产品知识，销售员讲解的重要性最低，往往在这个时候消费者已经做出了购买的决定。

根据传统营销理论，再结合移动互联网市场的特点，我们将移动互联网消费者的购买决策分成六个环节：引起需求、知晓品牌、形成初步方案、评估初步方案、确认购买方案和购买后行为。

那么，企业最在意的网络口碑是怎样影响购买决策过程中的各个环节的呢？经过调查统计，网络口碑对于消费者"知晓品牌"和"确认购买方案"这两个步骤的影响最为显著，有56.3%的被访者通过网络口碑了解品牌信息，58.7%的被访者通过参考网络口碑做出了购买决定。有趣的是，在购买之后，消费者对网络口碑依然兴趣浓厚，有47.5%的被访者在购买之后仍然会上网查询网络口碑。

在定性研究中我们发现，在购买后阶段，消费者主要通过网络来分享交流使用经验。如果品牌可以适时地与消费者进行互动，引导他们分享购买后的体验及表达新的衍生需求，会为企业的新产品开发、品牌营销沟通带来很多裨益。这也是打造网络口碑的一个重要环节。

我们已经知道，网络口碑是一个能够影响到移动互联网消费者购买决策全过程的重要因素。那么，在打造良好的网络口碑过程中，企业通常会采取哪些步骤呢？

(1)进行产品分析和关键词定位

移动互联网口碑的基础是搜索热度，搜索热度的基础是搜索关键词。为了找到最适宜推广的产品关键词,企业最开始需要分析自家产品属性、功能、定位以及特色等,总结出最能引起口碑效应的卖点。在此基础上,结合关键词的当前热度与可传播性,选取最有效的宣传关键词。

在欧洲,Mini早已成为小巧型汽车的标签。但在中意大排量的美国,这款小小的Mini鲜有人问津。所以,为了在美国树立品牌,开拓市场,Mini将自己的卖点定位在"省油"和"便宜"两方面,刻意不提自己的"小"。这种定位抓住了普通美国人的实惠心理,很快便打开了局面,Mini在美国的销量甚至超越了英国。

(2)文案升级,全面优化关键词

有了关键词,下一步就是优化口碑的内容要素,如关键词匹配度、关键词密度,甚至关键词与品牌词的文字位置摆放,软文的篇幅、段落以及叙述结构等,使得文案内容更加具有可读性,这将进一步为产品印象加分。

优化关键词,可以从以下五点来实现:

第一,目标关键词需要带来20%以上的流量并且应该是包含词。比如说"关键词优化工具"这样的词是包含着"关键词优化"这个词的。当你优化的"关键词优化工具"具有了一定权重的时候,"关键词优化"这个词也会有相应的排名。

第二,站在用户角度思考,选用通俗性的词语。我们常常以自己的思维来定义关键词,其实用户并不会太过于专业,正所谓内行人赚外行人的钱,用户使用的大多数是一些非常通俗的词语。

第三,尽可能删选出流量大、竞争度小的词。当然,一些流量很小但转化率很高的词也可以。一个词的价值和流量往往是网站站长决定是否去做这个词的基础。

第四,关键词要和网站的内容相关。否则,自然搜索引擎给网站关键词的权重会很低,排名也不会理想。

第五,关键词竞争度。如果竞争度太大,不能在短期内创造效益,甚至是即使做到自然排名的第一位,前面依然有着大量的竞价,那么,这样的词显然是要放弃的。

(3)选择最佳渠道,执行内容投放

有了宣传内容,下一步就是选择合适的渠道进行投放。移动互联网有三大入口:移动浏览器、移动APP应用(二维码也属于此类)和移动搜索。如何抢占这三个入口,并根据自己产品的特点选取最适合的渠道进行深度推广,是企业需要考虑的第三步。

移动搜索竞价是最主要的移动互联网广告投放渠道之一,移动互联网用户的一大主要特征就是随时随地去搜索自己喜欢的东西。比如,当移动互联网用户想喝咖啡时,他要做的第一步很可能是搜索一下"最好的咖啡品牌",然后根据结果在手机地图上搜索一下附近有没有这家咖啡店。因此,有远见的咖啡企业会在移动搜索端竞价,好让自己的品牌尽量出现在靠前的位置。

(4)进行效果追踪,及时优化结果

内容投放后企业需要及时跟进整个市场反馈,这对消费者的"评估初步方案"和"确认购买方案"两个购买步骤影响巨大。随着大数据时代的来临,企业已经有能力在极短的时间内对自己投放的内容效果进行评估,并及时进行战略调整。

以上四个步骤是大部分企业在进行网络口碑营销时都要经历的过程。需要指出的是,消费者在做出购买决定后,并不一定会做出购买行为,比如一些未预料的突变形势,以及能左右其决策的他人对该产品的态度等,都能够影响其购买行为的实现。购买行为后,产品或服务的售后以及使用体验等因素,会影响消费者下一次的购买决策,如出现负面情况,甚至还会导致退换货或投诉等不良后果。这些也是网络口碑的重要组成部分。

6.掌握用户的需求——筛选碎片,整合精华

要想为移动互联网用户提供最好的体验,光有心思还不够,还需要详细地了解用户的体验需求。腾讯智慧出版的《虚拟世界 真实信赖——解读中国1~4线城市网民的网络使用行为及态度》一书中,通过详细调研发现,网民中存在5种不同类型的用户,他们有着明显差异化的个性需求。

(1)交流依赖型

这类用户年龄相对较轻,主要分布在我国的四线城市,职业以学生、自由职业者和普通企业职员为主。网络对他们而言所起到的主要作用是交流沟通,满足情感联系的同时,也进一步了解世界、开阔视野,为自己的事业进步增加新机会。在生活价值观方面,他们具备充实自己和为梦想而努力的心态,并为此付诸行动。他们最经常使用的网络应用是即时通信工具。

(2)社交依赖型

这类用户大多居住于一线城市,即北京、上海、广州、深圳等经济发达的城市,属收入偏高的中层管理者。他们是大都市里典型的忙碌一族,面临着来自生活、工作等各方面的巨大压力,有强烈的好胜心,追求高品质的生活及大品牌带来的满足感。在繁忙的工作和生活之余,他们热衷于在社交网站和圈子内与朋友展开各种互动活动,如玩玩益智小游戏,看看朋友的微博等,放松身心。

(3)交易依赖型

这类用户,25~34岁的群体是主体。在这个群体中,处于中层管理者和专业人士的比例更大,收入水平相对较高。日常工作的忙碌让他们追求简单、便捷、足不出户即可实现一切的高效生活,生活态度务实而踏实,依赖品牌,注重体面和内在品质。这些人是典型的网购人群。由于具有高度的务实主义精神,他们对网购的方便性非常重视,网民口碑是他们做出购物决定的重要参考。

(4)信息依赖型

一线城市用户在这类人群中比例较高,中年人居多,事业发展良好,多为中层管理者、专业人士和自由职业者。他们非常希望通过网络实现自我工作能力的提升,最常使用网络收发邮件、使用搜索引擎及阅读新闻资讯类内容。这类人希望通过网络这个窗口开阔视野,乐于通过网络解决现实生活里遇到的各类问题。

(5)消遣依赖型

这类用户中,来自四线城市的用户比例相对较高,人群偏年轻。具有"娱乐至上"的生活态度,大部分时间都在网上度过,他们就是传说中的"网虫"。不甘于平淡的他们喜欢在搞笑视频、网络游戏里寻找刺激和成就感。

深入地了解上网用户的需求类型有助于企业做出正确的营销决策,以上5种类型只是一个大致的分法。我们正要进入快速拥抱每个用户的时代,每个人都有自己的个性需求,人人都希望享受最好的上网体验,成为VIP。亚马逊和淘宝已经开始为每个用户设置不同的个性化首页及推荐页面,而随着移动互联网的不断发展,这种个性化服务将越来越多。

早一步开始自己的移动互联网个性服务布局,就能早一天收获丰硕的果实。正如中国著名企业文化与战略专家陈春花教授所言:"顾客的变化是一个根本的事实,大多数企业已经认识到这一点,但是光有这个认识还不够,我们还需要清楚围绕顾客变化所做的努力如何展开,这就要求企业能够围绕着顾客思考,来选择自己的企业战略。"

想做一个移动互联网碎片化阅读的整合者并没有那么简单,至少要熟练掌握以下几点:

(1)筛选信息

你要具备从海量信息中筛选优质信息的能力。海量信息容易造成阅读疲惫,而限量的优质信息则能刺激用户以最佳状态阅读。这相当于你不仅要从书海当中挑出读者最感兴趣的几本书,还要将每本书最具亮点的内容挑选出来,并配上最恰当的标题。

这就像央视火爆一时的节目《第十放映室》,它不仅帮观影者从每季度上映的海量电影中筛选出最有代表性的几部,还根据每部的特点进行生动有趣的介绍。这种风格为《第十放映室》赢来了大量粉丝,它的吐槽系列视频在网络上的点击率惊人。

(2)筛选受众

你要具备从无限用户中筛选有限受众的能力。这点最为重要,无限的移动互联网用户虽然听起来诱人,但也意味着受众、目标用户的不确定性,这将为营销带来极大的难度。精确定位到有限的目标用户,专心为他们提供优质内容,才能算有的放矢。

证券公司操盘手陈逊说:"我每天要阅读几万字的碎片化讯息,这是出于工作需要,做我们这行的与整个社会的联系很紧密,一条不起眼的消息,甚至微博上一个假消息都可能会对股市产生影响,因此,多获取信息对于我们来说是必需的。"他每天的阅读都和网络分不开:每天下午收盘后,第一件事就是上QQ和微博,和朋友、同行交流最新信息,然后登录各大网站、论坛看新闻,并参与热点话题讨论。

27岁的报社编辑林知宇说:"手机、微博、iPad让我的时间和阅读彻底碎片化了。我在iPad上下了十几种阅读类的APP,有各种媒体的客户端,也有信息搜集工具，每次打开它们，都像是打开了一个黑洞。光是下载和更新就会吸走我大把的时间，可更新后的内容，我往往都只是瞟一眼标题，就赶着去寻找其他的更新内容。"他的一天始于微博，也终于微博，每天睡前也要拿出手机打开微博刷一下新鲜事。

一名全职太太陈菲说："生完孩子后，我成了一个全职太太。一开始，我有点担心，害怕自己和社会脱节，有姐妹就安慰我，现在不像过去了，注册个微博，每天全世界发生的事情，你都知道。果然，我虽然现在在家带孩子的时间多，但可以通过微博和朋友沟通，了解外面的社会，还可以上论坛和年纪相当的妈妈们讨论育儿经，交了不少天南海北的朋友。每天上上论坛、看看微博，学会了很多东西，我的生活也丰富多了，我现在觉得全职太太真的不会寂寞。"

我们看到，不同的用户对于移动互联网内容的需求各不相同，有陈逊这种关注行业资讯的，有林知宇这种单纯为了刷新鲜事的，还有陈菲这样希望在放松的过程中进行沟通和生活经验学习的。企业要根据自身的定位，为目标用户提供最精准的内容。

(3)筛选时间

你要掌握即时沟通与延时发布之间的对应关系。虽然移动互联网用户是因为即时沟通的便捷性才对移动互联网情有独钟，但这并不表示他们的阅读习惯也是如此。微博、微信都有定时发布功能，企业发布内容的时间要符合目标用户的阅读习惯，过早或过迟推送消息都可能因为用户第一时间的忽略而造成后来被其他信息淹没。

以新浪微博的热门微博一周排行榜为例，上榜的微博一般都是在晚上8点至10点间发布的，因为这段时间使用微博的人相对来说最多。

(4)筛选热点

你还要具备分析热点、制造热点的能力。内容的优劣从其传播的热度上可见一斑,与其跟风热点,从热门话题上"蹭"关注,不如自己制造热点,让别人来跟风自己。

以新浪微博的热门话题为例,其中的美食话题通常是讨论的热点,而一般的美食热点多是"吃货"们自己总结发现的,如"深夜发吃'报复社会'""下午茶时光"等,但聪明的餐饮品牌在新品上市或日常推广时也会伺机制造热点,引起"吃货"们的注意。以2014年4月16日的微话题排行榜为例,排名第一的就是麦当劳推出新品冰淇淋的话题,其热度甚至超过了之前火热的"舌尖上的中国"。

需要提醒的是,要想做一个优质的碎片式内容整合者,需要长期的人力投入,因为优质内容分散在网络的各个角落,需要不同的搜集、整理方法。以原创性和娱乐性很强的微博内容来说,它在搜索引擎上是无法抓取的,也就是说,你的内容搜索工具肯定不能局限于搜索引擎这一个。

7.参与感——整合营销新思路

新媒体的风靡不代表传统媒体的死亡,新营销方式的盛行也不代表传统营销策略的完全收缩。企业总是在不断探索新的营销工具,以获得更高的营销效率。但最高的营销效率,其实来自于对不同营销工具的整合利用。

一份报告指出:在生产消费产品的大公司的最高管理层和营销主管中,超过70%的人喜欢用整合营销传播作为改进它们的传播影响的工具。近年来,随着新媒体的发展与日渐风靡,整合营销传播也因此有了新的发展。

美宝莲在世界大众彩妆品牌当中的领先地位,成就于它彩妆产品的多样性和高品质。不过,在它的品牌形象传播中,更加值得一提的是美宝莲的新媒体整合营销传播。

2008年,在各大城市的地铁、公交车厢内,一则美宝莲的视频广告吸引了人们的眼球——Mabel(美宝)约会视频。视频内容根据女主角Mabel的约会对象特质和美宝莲的睫毛膏色彩种类,分为4个不同篇章,并设计了"约会突发状况情境"来传达产品的防水特性。当受众饶有兴趣地欣赏完约会视频后,屏幕中出现了一条文字提醒:"你觉得Mabel最适合和谁交往呢?"并在屏幕下方附上投票网址。

和大家以往见到的美宝莲电视广告片不同,美宝莲这次采用的是一则互动广告。消费者可以通过投票来决定广告主人公的选择,也就是说,美宝莲的下一则广告的剧情,是由消费者来决定的。这种有趣的互动吸引了很多消费者的眼球。该视频广告后简短的一条讯息就将"接受"过渡为"交互",并巧妙地将"终端"转移至"网络"和"手机",通过POCO网这一以图片兴趣聚合的同好社区平台实现了从传统的"视频单向广播"到互动的传播方式的转变。

而在深入推动互动营销的过程中,美宝莲还采用了多种传播方式,其中尤其注重对新媒体的运用。博客是新媒体,视频是新媒体,手机是新媒体,分众也是新媒体,新媒体的大家庭越来越丰富,终端也越来越多,交互性越来越强。美宝莲如何通过运用新媒体为品牌传播服务?选择只有一个:整合营销。

在美宝莲POCO网的投票互动平台上,除了可以替视频主角Mabel投票选择男友外,还能欣赏"化妆视频",体验"恋爱测试",了解更多美宝莲产品。美宝莲选择POCO网这一Web2.0网站投放,除了看重POCO网用户基数大、流量高、用户层年轻时尚的特性,更是为了避开门户、娱乐、视频网站用户分散、人群广泛、互动度相对低的不足。而这一种基于体验的社区互动,与美宝莲的整体市场策略和公关计划相结合,与POCO网的受众利益和兴趣点相结合,多种新媒体整合的沟通方式连续与用户进行互动,引导用户产生购买行动,同时对品牌、产品及服务产生有效认知。

美宝莲花了最少的钱去整合尽量多的资源,并且通过多种传播方式影响受众,尤其是选用互动性强的新媒体,充分利用整合营销传播的优势,达到了品牌传播效果的最大化和最佳化。当然,我们也不能否认,美宝莲具备任何可以进行互动营销的品牌特质:高品质的产品,具有竞争力的功能、质量、价格、完善的渠道、服务等。所以,企业在利用新媒体进行互动营销时,也要根据企业自身的特点进行规划。

移动互联网时代,每个智能手机、平板电脑用户都是一位"玩家",他们不仅希望免费快速地得到优质的讯息,还希望主动参与到信息的制造和分享当中。这就难怪小米副总黎万强强调:"参与感是新营销的灵魂。"而小米也是移动互联网新营销里互动策略的坚定执行者。

先来看黎万强提供的一组数据:"小米的销售渠道有两个:一个是小米网,一个是运营商的渠道。在这两个渠道里面,我们小米网在销售的渠道里占了70%,运营商的渠道占30%,这刚刚好跟很多传统的厂商是相反的。"

有同行好奇小米是如何凭借自己的营销和渠道做到这个水平的。众所周知,小米走的是粉丝营销路线,其主战场即社交网站等社会化媒体,他们在这些地方又有哪些制胜法宝呢?黎万强对他们的回答是:"三个。第一,参与感。第二,参与感。第三,还是参与感。"

黎万强说:"做社会化媒体的基础首先要有一个社区——论坛也好,微博也好,微信也好,或者是QQ空间也好——你要做的是在这几个通道里面进行选择,选择和你的产品特征相符的一个,或者全部。"

小米最开始选择的社区品牌运营不是微博,而是论坛,这是因为论坛与小米的产品特征最为贴合。小米的第一个产品是手机超级系统,使用它需要先刷机和破解ROM权限,专业性比较强。这种专业性的东西通过微博很难进行高效的指导,更不能对每个用户的问题进行及时有效的回复。而论坛不一样,在论坛里,用户可以发帖提出自己的疑问,管理人员和其他用户都会参与回答。论坛极大地提高了小米用户的参与感,很多"技术小白"在论坛混久了也开始主动帮助新来的用户。这种从"请教"到"指导"的转变过程伴随的是无数小米用户渐渐变成"米粉"。可以说,如今的小米论坛早就是小米数百万"米粉"的大本营。

发展到今天,在小米论坛上有几个核心的技术板块:资源下载、新手入门、小米学院,后来又增加了生活方式的板块:酷玩帮、随手拍、爆米花等。在这个论坛上,"米粉"参与调研、产品开发、测试、传播、营销、公关等多个环节。

在小米论坛上,"米粉"可以决定产品的创新方向和产品功能的增减。为了激发"米粉",小米还设立了"爆米花奖":每周五下午5点被定义为"橙色星期五",每周都会发布新版本。下一周的周二,小米根据用户提交的体验报告数据,分别评出上周最受欢迎的功能和最烂的功能,以此来决定小米内部的"爆米花奖"。除了线上的互动,小米还有很多线下的活动。它不仅推出了针对小米会员的内部杂志《爆米花》,还以小米"同城会"作为纽带,让众多"米粉"在现实生活中聚餐、郊游、摘水果,甚至一起去献血……

对此,黎万强十分得意:"我们的论坛注册用户有将近1000万,10万日发帖量,每天有100万的用户参与讨论。100万用户对于做很多垂直类的网站如IT类的网站来讲已是一个很惊人的数字,而且,我们不是做媒体的,只是作为一个厂商的产品论坛。"

可以说,到今天也没有人完全吃透"小米模式"。其实,用互联网的方式做手机营销,小米的基本策略就是颠覆,将传统做手机的每一个环节都重新定义和更新。比如,制造手机的传统方式是聘请顶尖技术人员闭门做研发,小米则是邀请"米粉"参与到产品的设计与研发当中;卖手机的传统方式仅仅是给用户使用,小米卖手机是和"米粉"一起玩手机;别人只是在纯粹地卖产品,小米卖的还有参与感;别人花巨额资金请明星做广告,而小米则用"米粉"开创了互联网的新营销方式;很多公司不允许员工上班时间泡论坛、玩微博,而小米则鼓励"全员解放",鼓励所有员工泡在网上,与"米粉"直接接触,将内部评价转移为外部评价……

虽然小米将粉丝经济做得风生水起,但这并不意味着粉丝经济是小米唯一的经济模式。引领小米模式走向成功的关键环节,还有对核心用户的经营,对小米品牌的塑造,其核心正是在产业成型初期对用户的参与、归属需求的有效解决。

其实,营造用户的参与感并非小米的独创,也不见得需要大手笔、多人手的投入,它最核心的东西是企业本身对用户的重视程度。因为参与感不是单纯形式化的互动,企业在产品环节、产品改进环节以及营销环节都要试图把用户拉进来,用他们的想法快速改进——或者至少让用户觉得你做出了努力,让他们觉得自己的参与产生了价值。

第五章 经验整合，提供更好的创新模式

通过资源整合提供更好的公共价值,进而创新形成商业模式，这是中国商业发展中新的发展战略。这些整合当然不是只能单一进行,也可以组合使用。在模式创新上,价值的再造和共同体之间的平衡一定是新模式成功的关键。

1.以结果为导向的"超级产品"

创新成功的第一要素,是创新的结果是超级产品,即你所推出的是独一无二、令人眼前一亮、耳目一新的超级创新产品,如崭新的特点、过硬的质量、不菲的价值等。

统计数据显示,有极高优势的产品98%能成功。例如,乔布斯的iPhone、王选的激光照排、袁隆平的杂交水稻等。有中等优势的53%能成功,而具有少量优势的只有18%能成功。

下面,以IT史上第一款划时代的创新产品IBM System360为例进行说明。

1961年,时任IBM总裁的小沃森批准了这款围绕"兼容"战略的产品创新计划。此前,每台电脑都有自己的指令集,每开发一台新电脑就必须重写程序,System360将是历史上第一款指令集可兼容电脑,对用户而言意味着一旦开发完一套自己的业务应用软件,它将不随硬件的更换而重新开发。

IBM为此创新计划总计招募了6万名新员工,扩建了5座新厂房,取得了300多项新专利,包括发明了世界上第一个内存芯片、第一个关系数据库系统、第一个高级编程语言FORTRAN等。当年研发总投入50亿美元,相当于今天的约400亿,是人类历史上最庞大的私企创新项目,是美国第一颗原子弹"曼哈顿计划"的2.5倍,与阿波罗登月计划相当。

1965年,System360革命性的创新取得了历史性成功,IBM一举垄断全球计算机市场,到1970年跻身美国10大企业之列,成为美国梦创新精神的象征,将人类带入了信息时代。

以结果为导向的深层原因要从人类的心理切入。众所周知，人与人见面的第一印象会铭记终身，即容颜、穿着、举止、谈吐等外在形象，人与产品的见面亦然。消费者第一时间看到产品的第一印象是什么？不是质量，不是服务，而是创新。

想一想你对iPhone的第一印象是什么？震撼！用户购买的本质是购买一种以满意度为标准的体验，而满意度都是在一刹那间的总体感觉。满意度的第一印象就是令人眼前一亮的创新。

迪安·卡门创造出了赛格威超级踏板车，它可以载人沿着城市的人行道前进，使用者利用灵巧的身体姿势来改变速度和方向。其最具创意的地方是：无刹车、无油门、无引擎、无排挡、无方向盘，操作、行驶完全智能化。

赛格威公司产品开发总工程师兼副总裁道格·菲尔德说："它就像魔术一样，好像是将轮子黏在自己的脚上，你的脑子好像插电一样，天生不用学习就会使用它，它就像你身体的一部分。"使用者所要做的就是使赛格威向前倾斜，它不会向前倾倒，而是在你脚下向前移动。

赛格威超级踏板车摆脱了传统的"三点平衡"和以低重心、大而稳的底盘设计来避免倾斜的思维定式，通过5个惯性比传感器（陀螺仪）、2个倾斜传感器以及一些光学脚垫传感器、电子编码器的传感器输入子系统、2块控制板、1个用户界面控制器、2个电机以及整流电池控制子系统、离合器、两级螺旋变速箱、车轮及充气轮胎推进子系统，通过角度位置和变化的角度比率，用适当的回复转矩来避免倾斜摔倒，即动态自我平衡。它采用了体积小（直径2.6英寸长度3.5英寸）、动能大（总输出功率2马力）、半球围绕且有许多绕组定子的"HT电机"，电机与集成电机室安装在压铸成型的底盘上，可最大限度地发挥电机效能，对瞬间状况诸如颠簸一下做出快速反应;它所用的蓄电池是由世界著名的"SAFT公司"精心研制的镍金属电池,充电1小时可行驶17英里,最高时速可达27公里,家用插座就可随时充电;它配置的轮胎由"米其林公司"独家设计,不仅抗破损,而且可在冰雪路面行驶,还能爬楼梯;它自重30~36公斤,负载198公斤;最为神奇的是,你只要身体稍微前倾,"赛格威"就会加速,你向后倾,它就会减速直至停车,想转弯时只需上下移动一下手柄即可。

2002年1月,"赛格威电力驱动个人辅助机动车装置"刚一在网上发售,便引来了众多媒体的热炒和许多大腕的力捧,一时间,被人们称作"新千年发明第一谜"的浪潮席卷全球。美国各大媒体争相报道这一伟大的发明;美国哈佛商学院出版社不惜斥资25万美元,在第一时间买下了介绍赛格威专著的版权;美国亚马逊公司CEO贝佐斯断言"赛格威"是一项革命性的产品;美国苹果电脑公司CEO也对赛格威大加赞赏:"如果有够多的人看到这个'机器',那么,你就不用费力说服他们利用它来改造城市,因为那将是水到渠成的事。"撰写赛格威专著的作家坎普预言这项发明将会横扫全球,改变生活和城市结构以及人类的思维模式;美国英特尔公司主席格罗夫在试驾了赛格威后说:"我的平衡能力很差,要教会我使用滑雪板需要100年,但用了不到5分钟,我就学会了驾驶它。"就连美国前总统乔治·布什也对赛格威大加赞赏,专门为其父亲购置了这一神奇而独特的"父亲节"礼物……

发明者迪安·卡门认为,这款新产品是交通史上的一项突破,将出现在全世界各个国家的人行道上。卡门自信地宣布:"赛格威不仅是一种高科技智能化产品,还是一种迫使交通体系改革的交通工具。它将在拥挤的城市居民区里取代私人汽车,同时在工厂里也将大有用武之地。一旦世界各国都更改了交通规则,那么,它的全球市场价值将突破3000亿美元大关!"

但这一切并没有发生!

　　赛格威电动车是一件非常优质的产品,但对生产赛格威电动车的公司来说,这并不是一次成功的创新。它只是结果,却不是成果,也就是说,它并没有实现利益回报。

　　赛格威电动车将大胆的想法变成了现实,它产生了许多重大创新,不管在技术上、产品性能上都实现了较大的推进。但是它没有带来预想的收益,正是因为这项创新没有以成果为导向。

　　创新的第一要素,是必须通过利益回报来审核创新是否有价值,这就是"以成果为导向"。以成果为导向的创新需要做到以下几个方面:

　　(1)创新内部与外部的平衡

　　创新内部是指资源投入、技术突破、开发周期等一切保证创新产生的元素。创新外部是指市场需求与收益回报。赛格威电动车将创新的重点全部放在创新的内部,人们关注的是它是一项多么伟大的发明,它带来了多么不可思议的变化,却忽视了创新外部:人们的生活中是否真的需要这样一种电动车?人们的生活习惯是否乐于接纳新的出行方式?这项创新产品迟迟没有带来理想的收益回报,却仍被大力推广。

　　赛格威电动车大量使用最先进的科技来制造,每辆新车的成本都较为高昂。即使是最低端的p系列,售价也高达4000美元上下。它本想成为人们普遍的代步工具,但这样高昂的价格又怎么会实现普及呢?人们仍宁可选择摩托车、电动车甚至自行车。

　　除此之外,不同的国家、地区都从未为赛格威电动车这样的新式交通工具规划过相应的行车道。在美国,赛格威被归类为动力脚踏车类的低输出动力车辆,只能行驶在标准的慢车道上,违背了最初让人们在人行道上驾驶它的设想。赛格威公司不得不花费大量精力来游说美国各州乃至于世界各国的交通主管机构,虽然取得了一定的效果,但没有起到实质性的改变作用。而在中国台湾,机动车辆行驶必须领发牌照,因此在这里,赛格威无法合法上道。即使经过努力,赛格威最终上了牌照,又可能无法在人行道上行驶。赛格威受到周围现实条件的制约,陷入了十分尴尬的境地。

创新不是理想主义的产物,它必须受限于市场需求与收益回报。好的创新不仅是产品好、技术好,更是市场好、收益好。只有当创新内部与外部达到平衡时,才能出现真正有价值的创新。

(3)辨清人们暂时的评价

在赛格威上市初期,各家权威媒体、名人专家都表示了赞赏与大力支持的态度,这在很大程度上混淆了人们对赛格威是否取得成果的判断。一项新产品投放市场真正应该去听谁的声音?这点需要引起人们的注意。很多产品受到媒体和名人的吹捧,却在最后落得惨败的收场,这种情况警示我们要去听大众用户的声音,他们才是真正的宣判人。他们亲身体验了产品,对产品能做出客观和真实的反馈,这对产品的调整、改进是非常宝贵的。生产者需要有意去收集、调查、跟踪大众用户的体验反馈,并做详细记录和分析。

(3)根据事实做出调整

创新过程贵在坚持,但不等同于在看到结果无意义后仍坚持。市场就是最好的试金石,不管创新本身多么先进、多么优质,市场不接纳它,它就是无意义的创新。一旦市场做出了反应,并经过一段时期的验证确实评定出了该创新的价值大小,生产者就需要冷静分析,对产品做出及时调整。市场是残酷的,它不会因为产品而改变自身的发展规律,产品必须围绕市场转。创新没有收益,正是市场在提醒生产者及时做出有效的调整和转变,否则将带来不可挽回的损失。

(4)依据变化

变化时刻在发生,很可能企业正在大力投入的创新,已经无法再从市场中赚取利润了。创新应该时刻以成果为向导,依据变化调整自己的方向、进度和资源组合。

创新不能单凭对趋势的预测,也不能单凭过去的经验。曾经坚定不移的观点,认为绝对不可能发生的情况,很可能都已经发生了改变。人们不能只专注于创新内部,而需要站在创新的外部观察变化的形势,随时对创新做出调整。

(5)适时放弃

很多企业在创新中会面临骑虎难下的局面——不断往创新中投入大量人力、物力,却始终看不到收效。这时候就要停下来仔细思考,到底是努力的程度不够,还是根本方向出了错。一旦根本方向出了错,付出再多,也不会得到回报。

创新不是义无反顾地投入,它必须以利润和竞争力为导向,违背这两点的创新就要适时放弃。

2.以市场为方向,给创新设目标

几个世纪以前,人类社会的创造发明都来自于个别天才;而如今,推动社会发展的重大创新几乎都来自于企业和组织。创新不再是神秘的、专属于天才的产物,而成了当今社会中理性的、有章可循的工作系统。

创新是一件实实在在的工作,只有明确了方向,它才能真正发挥作用。

给创新设目标。

没有目标的付出就是浪费资源,没有目标的创新也不会得到好结果。人们常说要以“创新为目标”,然而,这个创新却是宽泛的、含糊的。创新本身是一个持续的工作过程,没有终点。我们不可能在创新的终点得到益处,只能在创新的过程中、在它实现一个个目标时得到益处。

日常工作中设定目标的SMART原则,对创新同样适用。

S(Specific)——明确性。用明确的言语表述创新目标,让人们可以清晰地记住、重复该目标。

M(Measurable)——衡量性。创新目标是可衡量的,依据数据或其他结果,可以看到通过创新要创造多少具体的利润,提高多少具体的效率。

A(Attainable)——可实现性。创新目标要求结果是可以实现的。一方面,它具备一定的难度,不是轻易就可以实现的,这可以激发人们付出更多的努力;另一方面,它不是绝对无法实现的,避免人们丧失信心。

R(Relevant)——相关性。创新目标必须与组织目标息息相关。创新的根本目的是为组织赢取更多的利益,它的一切目标都需要以组织目标为大方向。与组织无关的创新,是毫无意义的创新。

T(Time-based)——时限性。给创新目标确定明确的时限,在多长时间内完成该目标。有了时限性,目标的实现就会有一定的紧迫感,让人们在有限的时间内通力合作,寻找一切尽可能快的办法。

当市场发生变化的时候,就是创新的最佳时机。

当市场发生变化的时候,往往是实现创新的最好时机。通常,变化中最容易推陈出新,企业管理者有必要关注市场动向,以最快的速度做出创新的决定。

市场也许是这个世界上最脆弱的纸老虎。一方面,市场看上去总是那么繁荣稳定;另一方面,一个小小的冲击就会使其发生翻天覆地的变化。

当市场发生变化的时候,也就是创新的最佳时机。站在积极的视角上,市场的变化提供了显而易见而且可预测的实践新理念的绝佳机遇;站在消极的视角上,市场的变化逼迫企业必须随之做出改变,一味地保守、坚持,最终只能被市场淘汰。

20世纪初,全球生产力大幅度提升,汽车由原来的"唬人的玩具"逐渐转型为"大众化代步工具"的潮流势不可当,原来的市场蛋糕面临全新的分割方式。

对此,美国的劳斯莱斯公司,商人亨利·福特、威廉·杜兰特,以及意大利商人乔瓦尼·阿涅利面对市场的新局面,主动求变,缔造了当时世界上四大汽车制造企业。

劳斯莱斯走的是复古路线:雇用熟练的机械工采用早期手工工具完成装配汽车,定位高端,规定劳斯莱斯汽车只对有身份的人销售,客户的资格加以严格限制——拒绝"平庸之辈"。

亨利·福特则是打造大众化路线,制造由半熟练的工人装配的可以完全批量生产的廉价汽车。

威廉·杜兰特走的是集团化路线,他创立了通用汽车公司,并开始收购一些当时现有的汽车公司,把它们整合成为一家大型的现代化企业。

乔瓦尼·阿涅利则是"官商勾结",他使菲亚特成为了该公司向意大利、俄国和奥匈帝国军队提供军事指挥车的主要供应厂商。

到了20世纪60年代,全球汽车工业再次大洗牌。通用、福特、梅赛德斯的全球化战略确保了它们的继续成功。菲亚特虽然在与福特的对决中落败,但也保持了欧洲大厂的地位。而原本在死亡边缘徘徊的小企业沃尔沃、宝马、保时捷则抓住时机,异军突起。

沃尔沃对自己进行重新改造,宣扬自己的坚固,使自己成为了一个"明智型"汽车强有力的世界级经销商。

宝马将销售对象定位为希望展现自己的"不同品味",并愿意为此付出代价的年轻人。结果从亏损边缘一跃成为主流企业。

而保时捷原本是一种特别款式的大众汽车品牌,结果,它转向把自已定位为跑车,针对希望从汽车驾驶上获得刺激的人。

沃尔沃、宝马、保时捷的转变让它们在成长变化中尝到了甜头。而原本的汽车大厂,如美国的克莱斯勒、英国的利兰和法国的标致则因为拒绝做出改变,拒绝推陈出新,沦落为勉强维持收支平衡的企业。

而名噪一时的"坚固的雪铁龙"、"风驰电掣的MG"也因为拒绝创新,分别被新兴的沃尔沃和保时捷彻底击败,沉沦至今。

几十年来,全球汽车格局的转变很清晰地印证了这一点。当市场发生变化时,企业的管理者如果还是沿袭以前的做法模式,往往会给企业带来灾难,甚至可能导致一个企业的灭亡。而另一些求变的企业,却有可能抓住时机趁势而起。

市场的变化为每个企业都带来了创新求变的良机,它预示着市场的大洗牌和蛋糕的重新分割。而在这个时候,敢于作为的企业往往能够获得更大的利益。但一些业内人士由于固守原来的理念,却将这些机遇视为威胁。相反,一些圈子外的人却能很快地成为一个重要产业或领域的主要分子,而且所冒的风险相当低。

所以,管理者有必要在市场发生变化时有一番新的作为,而对于市场变化的判断,也成为了企业管理者能否抓住时机顺势求变的关键。

首先,当市场出现快速且持续增长时,那就预示着市场将会发生巨大的改变。就像上面所述的汽车行业的例子,市场对汽车不断增大的需求暗示了新变化的到来。雪铁龙、克莱斯勒作为老牌企业,出于对以往成功的运作模式的迷信拒绝做出创新,结果遭遇了失败。

其次,在市场趋于成熟时,它的认知方式和服务市场的方式会和发展期形成截然不同的态势,这时候就需要企业的管理者适时地做出创新。就拿医疗来说,随着医疗体系的逐步完善,以往的、传统的综合医院已不再像过去那样风光,而规模不大但科目专业化的小型医院开始变得有市场,这种情况在医疗相对成熟的东南沿海地区尤其显著。

再次,产品的整合也预示着新市场的形成,企业需要抓住时机拿出新产品,以此在新市场上占有一席之地。比如说,用户交换机(PBX)的诞生。用户交换机结合了两种迥然不同的技术:电话技术和计算机技术。贝尔公司一直是这方面技术的先驱,但它没有把它们整合到一起,反倒是罗姆公司抢先了一步,拿出了新产品。结果,尽管贝尔公司在技术上享有领先优势,但它在这个市场上的占有率却不超过1/3。

最后,当市场的运作方式改变时,整个市场的格局将会重新洗牌。因为市场每发生变化时,企业的领导者往往会忽视增长最快的领域,他们仍然抱着将要过时的、正在迅速变得运转不良的传统运作方式不放。因此,该领域的创新者可以获得良好的机会自行发展。

创新的成功在于"赢得市场"。

富兰克林说:"只要你发明了一个更好的捕鼠器,全世界的人就会把你的门槛踏破。"对此,管理大师德鲁克提出了质疑:"可是他未曾想过这样的问题:究竟什么样的捕鼠器才是更好的捕鼠器?而且,这种更好的捕鼠器要给谁使用?"

富兰克林的思路是,只要有创新,就自然而然地会有市场。德鲁克的思路则增加了两个要点:什么创新才更有价值?针对什么人来创新?创新是否成功不在于它具有多少科技含量或使用了多么高端的技术,而在于它是否能够赢得市场。

在现代市场经济条件下,创新要以市场为方向,一是要针对顾客需求,二是要提供价值。

1984年,一家专营文具用品的日本小企业的一名普通员工玉村浩美,发现顾客来购买文具时一次总要买三五种,学生书包内的文具也总是散乱地放着。针对这样的情况,玉村浩美想:为什么不把文具组合起来出售,满足客户的需求呢?

　　该企业接纳了她的建议,设计出了一只专门的盒子,放上几种常用文具,组合销售给顾客。结果,这种新式组合文具深受客户喜欢,一年就卖出了300多万盒。

　　从该案例中可以看到,顾客的需求不一定是显性的,而可能是隐性的。大多数情况下,顾客只能体会和表达出该产品的不方便之处。这时,作为有创新意识的员工或经理人,就需要转化顾客的不满意,从不满意中找到真正的需求。

　　单个文具和组合文具之间,真正变化的是什么?不是多了一个盒子,不是增加了一点儿价格。那么,是什么使组合文具深受顾客喜欢呢?就是创新做法带来的新价值。组合文具较之前的单个文具,大大增加了使用方便的价值,顾客乐意多掏一点儿钱,来购买大大增加的使用价值。

　　2002年,蒙牛集团的杨文俊在超市购物时,发现人们在购买整箱牛奶时搬运起来十分吃力。一次偶然的机会,杨文俊购买了一台VCD往家拎。他发觉VCD的外包装盒上装有把手,拎起来不会太吃力。

　　为什么不在牛奶箱上也装上把手呢?杨文俊立刻将这个好创意运用到了蒙牛的牛奶包装箱上。这一创新使得当年蒙牛箱装牛奶销售量大幅增长,同行也纷纷效仿。

　　杨文俊懂得绕到顾客的不便之处后面找需求,为顾客提供了方便的使用价值,其产品自然受到市场的青睐。

　　英国曼彻斯特小镇上一个住户家中来了一位中国小伙子,他就是海尔冰箱海外产品经理邵宏伟。他在住户家中帮忙收拾厨房、准备餐点,更重要的是,与住户讨论关于冰箱的使用情况。

邵宏伟发现,住户家中的冰箱高度比预留的空间高度矮了很多,看上去很不协调。原来,该住户为了喝上加冰的啤酒,打算买一台带制冰机的对开门大冰箱。但市面上的这种大冰箱根本进不了家门,也放不进预留的空间位置。最终,其只能买一台较小的冰箱。他还发现,该住户喝啤酒时只能加冰块,如果想加冰屑,就必须用刨冰机把冰块打碎,十分不方便。

根据住户的实际情况,邵宏伟回到国内立刻指导研发。2004年8月,海尔推出了"专为英国用户设计的超薄对开门大冰箱"——它的宽度刚好可以进入英国住户的家中,也能方便制作冰块和冰屑。

这款冰箱一推出,就接到了占当地大容量冰箱40%份额的订单。

该案例就是典型的以市场为方向的创新。邵宏伟将用户的不便转化为深层的需求,针对这种需求,专门开发了新产品。新产品为顾客提供了新的使用价值——更方便、更实用。由此可见,深入地调查和研究人们的期望、习惯及需求是创新的一项重要工作。

如何判断创新是否有市场?

评价一项创新是否有市场,最直接的办法就是询问市场。

例如,向100个人征询其对某创新想法的看法,看看他们对这个想法是否感兴趣,如果这个想法变成现实的商品,他们是否愿意购买。如果100个人中只有两个人表示感兴趣,那这个想法也未必就是行不通的。试想一下,2%的比例放到全国甚至全球市场中,那也是相当可观的客户量。

另外,做市场调查的时候不仅要注重量,也要注重深度。有时候,深度调查比大量调查更有效。在调查一个创新想法是否具有市场潜力时,必须找出人们对这一创新真正的看法,然后综合人们提出的不同看法和建议。在做深度调查之前,需要准备好相关问题,带着目的去调查。

调查的结果并不完全来自于数据显示和人们的表述,有价值的结果应该是调查人通过这些数据的分析和人们的看法,经过思考总结,最终得出该创新与市场潜力之间的程度关系。

一款创新产品的成功,是在实施前就已经完整地确定好了产品概念,详尽地评估了目标市场,精美地做好了产品设计,细致地计算了各项利益,甚至在之上还有一个战略导向的一揽子"总体产品计划",从产品组合而不仅仅是单款产品的角度考虑问题。当所有这些都在帷幄之中运筹完毕,最后的实施就是决胜千里的把握之仗。

1994年,办公家具供应商世楷公司在间隔不长的时间里推出了两款均采用革命性技术的创新产品,结果是Leap办公椅大获成功,而Pathways办公室区隔甚至被召回。

CEO詹姆斯·哈克特调查后发现,真正的失败始于产品计划形成之前,即在有了一个好的产品概念之后,没有足够的时间深思熟虑,就匆忙上马进入实施。Pathways产品团队甚至在最开始就在基本理念上争执不下。针对这一情况,哈克特开发了四步法,其中前三步的独立思考、确定创新团队的统一观点和制定详尽的产品实施计划等都是"先胜",而最后一步的配置资源、落地实施才是"后战"。

又如,在美国苹果公司内部,对于一个新产品的设计理念常常需要提供三份评价文件:一份市场开发文件、一份工程设计文件以及一份用户体验文件。苹果认为,通过市场调查,可以了解消费者需要什么;通过工程设计,可以探究能做什么;通过用户体验,可以发现消费者的消费倾向和偏好。

如果这三份文件被执委会认可,设计组就会得到一笔预算,并将指定项目负责人。自此,项目团队便会致力于扩展这三份评价文件,追加如何实现市场开发、工程设计和用户体验方面的具体要求和细节。在项目进行过程中,团队的工作进展还需要不断地被评价。

3.以人为本,卓越领导者领衔多元化团队

创新成功的第三要素,是有一个卓越领导人领衔的多元化的优秀团队。

人类历史上最具传奇色彩的创新大师当属爱迪生,他一生申请了1039项发明专利。然而,其助手弗朗西斯·杰尔说:"'爱迪生'其实是一个集合名词,意味着许多人的共同工作。"这是一个由14人组成的团队,就算是在美国大萧条的6年间,整个团队依旧发明了电报机、电话机、留声机和电灯泡等多种产品,申请了400多项专利,而爱迪生就是这个优秀团队的带头人。

自2005年起,美国《商业周刊》杂志每年都会评选"全球最具创新力企业50强"。2010年度,苹果连续6年蝉联第一。说到苹果,就不得不说其1997年重返公司的创始人乔布斯。与谷歌的工程师可以和创始人佩奇、布林讨价还价不同,乔布斯拒绝了创新产生的民主来源。他坚信自己对消费需求的预判能力,并要求公司的产品创新要在自己的主导意识之下进行,他给团队注入了凝聚力和纪律观念,团队所要做的就是将他的想法实现。事实证明,这同样取得了成功。

团队方面,乔布斯说他从来没有备用团队或者"B计划"之类的概念,他的团队就是要将不可能变成可能。为此,他花费大量精力和时间打电话,寻找那些他耳闻过的最优秀的人员,以及那些他认为对于苹果各个职位最适合的人选。

创新的本质是"创造性碰撞",是一种复合反应,由看似无关的想法、概念、领域、资源等相互作用、排列组合而产生,而发生相互作用的唯一途径就是团队的联系和交流。

从统计数据来看,优秀团队具有以下几个特点:

第一,团队成员的组成来源多元化,并且大家都尊重这种多元化。

第二,团队成员致力于实现一个"疯狂而伟大"的目标,为了目标充满激情。

第三,团队成员热爱挑战,敢于冒险,毫不畏惧困境、挫折和最后截止日期,总会有一种在最后期限前实现目标的强烈意识。

第四,团队中没有尊卑等级之分,信任与亲密无间的关系能够激发创新的动力。

第五,开放、自由选择、资源共享的工作氛围。

第六,团队是与外面的世界相联系的,可以自主地去获得任何其他所需要的东西。

关于团队成员来源的多元化,管理学者斯科特·佩奇将其统计实验的结果写入了他的著作《异质:多元化如何造就一流团队、公司、学校和社会》之中:"如果我成立两个团队,一个团队的成员随机抽取,因而具有多样性,而另一个团队由个体绩效最佳的员工组成,那么第一个团队的产出总是最大的……结论是,创新在很大程度上依赖于团队的异质性。"

管理学者弗朗斯·约翰松将这种现象称为"美第奇效应"。美第奇是意大利佛罗伦萨的银行家,曾出资帮助各领域里锐意创造的人,如雕塑家、科学家、诗人、哲学家、金融家、画家、建筑师等,使得他们之间互相了解、彼此学习,从而打破了不同学科、不同文化间的壁垒,开创了人类历史上创造力"爆炸"的新纪元——文艺复兴。

4.最大众化的创新工具——知识

往往我们一提到创新,就会联想到知识,可见,知识是最大众化的创新工具。

在前面,我们一直强调创新并不仅仅局限在新技术、新发明上,因为企业的管理者总会把创新局限在知识层面。但是,这又恰恰说明了知识对于创新有推动作用。

我们说知识推动创新,并不是要对知识进行一番鼓吹。这里讲知识带来的革新,是要企业的管理者明确:在什么样的条件下,知识才能产生创新;在什么样的情境下,适合用知识去创新。

通过知识进行创新,是所有创新里耗时最长、变数最大的方式。知识,从理论的出现到成为可应用的技术,再到可以大规模量产,形成新的商品,这个过程是很漫长的。

比如,福特的工程师早在1951年就创造了"自动化"这一概念,结果在此后的25年时间里,这个概念都没有被成功地引入到生产中。直到1978年,日立才在生产中首次成功地引入"自动化",而大规模地实现自动化这项创新,则是在20世纪80年代后,通用电气在宾夕法尼亚建立了自动化机车工厂。

所以,以知识为基础的创新需要很长的间隔时间,如果企业没有足够的耐心去等待和尝试,那么最好不要选择这种创新方式。相反,如果企业拥有足够的实力和耐心,那就可以去做。毕竟,这种基于知识的创新带来的好处是其他的创新方式所难以企及的。知识性的创新可以创造一连串的市场,就像当初的杜邦公司,它们创新出了"尼龙"这种材料,结果,它们缔造了以尼龙为原料的服装、汽车轮胎等一系列的市场,这给企业带来的利益是巨大的。

但是,企业的管理者必须要意识到一点:基于知识的创新是一个"高门槛"的创新。搞这种创新的企业,一定要有清晰的战略定位,不能以尝试的心理进行创新。由于它的风险很大,因此要为财务和管理上的远见、市场定位和市场驱动支付更高的保险费。而且,知识创新与其他创新不同,很难在长时间内独享创新成果,它往往会面临超乎想象的大量竞争者,只要走错一步就会被竞争者超越。

此外,知识创新对于企业多方面技术的整合能力的要求是非常高的。实际上,这种基于知识的创新大多要依靠多种不同知识的融合才能获得成功。

1852年,皮埃尔兄弟建立了第一个企业家银行,但是没过多久,这家银行就倒闭了。因为,建立一家企业家银行至少要涉及两种理论,一种是融资理论,另一种是银行系统理论。但是,当时的皮埃尔兄弟尽管创新了融资理论,拥有了大量的风险资本家,但他们缺乏系统的银行业务知识。

皮埃尔兄弟失败后,有三位后进者吸取了皮埃尔兄弟的教训,成功地融合了两种先进理论,完成了在银行业的创新。

第一位就是摩根帝国的开创者摩根。他曾在伦敦接受培训,也对皮埃尔兄弟的工业信贷银行进行了深入研究。1865年,他在纽约创建了19世纪最成功的企业家银行。

第二位是莱茵河彼岸的德国人西门子,他创建了一种新的银行模式——世界银行。它既是英国模式的储蓄银行,又是法国皮埃尔模式的企业家银行。西门子的"德意志银行"现在仍是德国最大的银行。

第三位则是日本的涩泽荣一,他是第一批旅欧亲自学习银行业务的日本人。他建立了日本模式的"世界银行",是现代日本经济的缔造者之一。

以知识为基础的创新,除了对知识综合能力有高要求之外,本身还具有很大的风险和不可预测性。因为知识创新过程的漫长很可能会产生不可预知的变数。比如说,更新技术的出现使创新变得没有意义,或者企业的经营出现了问题,无力再支持创新等。

而在现代的经济环境下,基于知识的创新者存活机会是很小的。如今的行业划分过于精细和专业,而且都形成了比较稳定的市场。在稳定的环境下,当一个市场成熟和稳定时,以知识为基础的创新者人数并不会比传统创新的人数来得多,更不太容易产生大的突破。还有一个要考虑的就是知识的淘汰速度。在当今的环境下,科学飞速发展,各种技术信息换代的节奏是非常快的。

信息爆炸是知识创新的另一个不利因素。由于媒体的力量得到了空前的发展,所以任何新技术都很难成为"秘密"。而一旦以知识为基础的创新形成了一个新的产业,这样的信息也会很快地扩散开来。对于新兴市场,总是会有大量的企业"非理性"地进入,结果不可避免地形成行业的拥堵,而当"淘汰期"来临时,企业的失败率也会比以往高得多。而"淘汰期"总是会来的,这是不可避免的。

所以,对于企业管理者而言,是否进行以知识为基础的这种高成本、高风险的创新,是值得仔细思考和权衡的。

5.利用"过去的经验"启发创新

威普罗全球信息技术公司,从一家不起眼的小企业一路发展,坐上了印度软件业的"第二把交椅"。威普罗成功的秘密就在于不断从过去的经验中掘金。威普罗累积了很多自己的IP(Intellectual Property,知识产权)模组,客户需要什么功能,它就把相关的IP模组程式码调出来,帮客人组装、测试,然后出货。要研发新程式,并不需要每次都从头再来。一个个IP就像是一块块积木一样,可以拆开,可以重组,IP模组累积得越多,可以重组的空间就越大。这是因为在现有的软件技术中,程式码已经可以像积木一样分开再重组。"就像盖房子,同样用的是砖,却可以有不一样的设计。"威普罗嵌入式产品及产品工程事业群经理派赛特说,"接到客户定做软件的订单后,研发人员就只需要把心力花在系统设计上,关键的系统组件早已准备妥当。"

这么一来,曾经研发的技术就成了取之不竭的金矿。这种做法会形成"大者恒大"的局面,早进入某个技术领域的软件工厂,能累积越来越多的重要技术,新的软件服务公司没有这些IP模组,很难在他们擅长的领域跟他们竞争。

威普罗内部有一个被称为K·NET的资讯分享网络,同时累积分散在20多个国家的3万名员工的脑力资源。除了分享已经建立的IP模组,遇到新的状况,专案执行人也会在不影响客户权益的状况下,把自己的经验做成新的IP模组。同时,他们每年也会投入6%左右的人力进行研发,充实K·NET里的脑力资本。

每个威普罗员工研发出的新技术,在放上K·NET之前,还必须经过创新委员会的审查,除了确定来源和技术没问题,更重要的是评量该技术的价值。派赛特指出,他们所有的IP模组都会按照未来市场潜力、目前市场价值、对技术的投资金额以及对威普罗自己的价值进行评估。评估合格之后,这些技术才能正式成为IP模组,放上K·NET在威普罗内部流通。

威普罗非常懂得巧妙地运用过去的经验价值,使它们可以持续发挥效用。

从威普罗的故事中,我们可以学习到如何在总结过去的基础上启发创新。

思路一:同样的事,不同的方法

以过去的成功创新为例,启发员工思考,面对同样的事,还能找出哪些不同的办法。事情的解决办法远不止一个,即使作为成功案例的创新也并非就是最好的。这一做法能拓宽人们的思路,从不同的角度思考问题。

很多企业开始在社交网络、网络视频上挖掘营销的途径。可口可乐在FaceBook(社交网站)上建立了一个粉丝网页,有关可口可乐的所有信息都发布在网页的文字或视频中。可口可乐公司董事长足不出户就能直接了解到消费者的动态。还有一些企业,没有像可口可乐那样建立粉丝网页,但它们仍然获得了极大的广告效应——将品牌宣传深入到社交网络的小游戏当中,使人们在"种菜偷菜"的过程中自然而然地增加对该品牌的关注和喜爱。

同样的事可以通过不同的方式达到相同的效果,新方式甚至能达到更好的效果。就如上面说的,那些没有建立一个专门的粉丝网页的企业,取得的广告效应甚至可能好过可口可乐公司的广告效应。

思路二:如果是我,我会怎么做

以过去的失败教训为例,让员工设想:如果是我面对当时的情境和条件,我会如何处理以避免失败?每个人的经验和思维方式都是不同的,即使面对相同的问题,人们也会采取不同的解决方法。

在一个负责油画棒设计生产的团队中,陈某发现了这样一个现象——由于孩子们在使用一盒油画棒时,需要较多地使用黑色、蓝色、红色等几种基本颜色,这几种颜色用完了,就需要再重新购买一盒完整的。针对这一情况,陈某提出,专门开发一款4种基本色的小盒装油画棒,以满足孩子们对基本色使用较多的要求。但这款基本色小盒装的推出并没有引起较大的市场反响,因为孩子们并不会自己专门去选择小盒装的基本色油画棒,家长也很难注意到这一点。

吴某根据陈某的思路重新进行考量,提出了新的建议:在整盒油画棒中,基本色油画棒的数量由原来的1支增加到3支。购买者在购买时立刻感到该品牌油画棒的使用价值提高了很多, 价格却没有太大变动,产品一经推出便大受欢迎。

思路三:改善现有创新

人们在使用创新成果的过程中,仍然会遇到不顺手或感到欠缺的地方。客观分析现有创新成果的优缺点,以扬长避短为要求,尽可能地改善已有创新,可以进一步提高绩效。

微软最早以MS-DOS起家,其占有80%~90%的软件市场,是当时微软最赢利的产品。比尔·盖茨看到了这种操作系统的不足,并在此基础上改进推出了视窗1.0版软件,但并没有得到普遍认可。两年后,比尔·盖茨启用20名被认为"微软最优秀"的程序设计员共耗费11万个程序工作小时,推出了视窗2.0版。到1990年5月,进一步改进升级的视窗3.0版问世,被评为当年的最佳软件。

比尔·盖茨总是这样告诫自己:再好的产品都有过时的时候,所以,只能不断研制新版本。任何人停留在原地都会被别人超越。微软如果不能推出更新的商品取代自己的商品,别的企业就会取代它。在大多数公司,某项成功可以让你轻松几年,但在微软,今天的绩效不代表一切。

任何创新成果都有着一定的改进空间。随着开发能力和知识技能的不断增长,创新成果也需要随之改进才能不断满足市场要求。

思路四:整合现有资源

整合也是一种创新。创新并不单单指创造出新的产品或方法,整合现有的资源,实现新的优化配置,也是一种创新。创造性地配置固有资源可使资源发挥新的动力。

1956年,福特公司推出了一款式样、功能都很好,价钱也合理的车。但这款车却销路平平,和设想的情况完全相反。公司上下非常着急,怎么也找不到合适的销售办法。

公司的见习工程师李·亚科卡是刚刚毕业不久的大学生,看到公司上下为打开这款车的销售一筹莫展,也试着思考用什么办法可以解决这个难题。通过观察,他发现市场上不少顾客想买车,但由于手中没有足够积蓄,只能暂缓购车计划。亚科卡想,如果这一问题能够得到解决,将会吸引一大批消费者,这样,汽车的销售量必定会大增。经过周密考证,亚科卡提出了一个"花56元买一辆56型福特汽车"的推销方案。根据这个方案,凡是购买56型福特汽车的顾客,首次付款时只要付出售价20%的现金,其余部分按每月缴付56美元,3年付清即可。"花56元买56型"的广告口号一下子抓住了消费者的心,人们认为这是个大好时机,觉得购买56型福特汽车实在是太划算了。新方案一经推出,福特汽车在该地区的销售量便得到了大幅度增长,3个月后,该销售网点跃居福特公司全国销售网的第一位。

这个经典的案例中,创新并没有通过投入大量资源来实现,它几乎是零成本,但它带来的收益和影响却是巨大的。通过整合现有的资源,产品有了,顾客有了,市场有了,怎样将它们之间联系起来,就是创新的关键所在。

6.正确对待经验偏见

过去的经验价值是宝贵的,但其中也包含了一定的偏见,这将会成为创新的一大障碍。人们的知识、经验、思维方式各不相同,所产生的见解也各有侧重,容易引发争执和矛盾。

这些经验偏见大致分为以下几类:

(1)什么都不可能

持这种偏见的人常把"不可能"挂在嘴边,否决一切创造性建议。他们的观念永远停留在过去,过去发生过的事才有可能再发生,其他一切都是空想。

(2)不愿超出经验范围

个人经验是有限的,一个人经历过的事件、涉足过的领域具有一定的局限性。有些人不愿意接受超出经验范围的新事物,他们认为那样就是错误的、不可靠的。他们不愿再花精力去学习新事物,也不愿面对变化,固步自封。

(3)只有自己是对的

持此类偏见的人听不进别人的建议和意见,认为只有自己的经验和想法才是正确的。即使经过实践检验发现他人的想法是正确的,自己的想法是错误的,他们也不愿意承认事实,仍然坚持自己的想法和观点。

(4)以偏概全

持此类偏见的人常常看到一个偶然的迹象就判断出大形势,根据一次意外就妄下论断做出预测。这容易将团队引入错误的方向,甚至是与目标完全相反的方向。由此做出的决策,有害无利。

预防和改善经验偏见的方法。

135

吸收过去、传承过去，必须建立在去其糟粕、取其精华的过滤基础上，唯有如此，才能有益于创新。对过去经验毫无过滤地保存和传承，容易引起经验偏见，这样反而阻碍创新。

针对上述四种类型的经验偏见，我们可以从以下四个方面，有效地预防和改善经验偏见带来的危害。

(1)不要急于否定一切

一切现状都可能发生意想不到的变化。虽然你认为过去的技术和能力不可能在这一方面产生创新，但这并不表示不会出现其他方面的创新和突破。不要低估发展的速度，也许你认为几年后才有可能的创新，明天就会产生。早在1899年时，美国专利局局长曾声称"一切可以被发明的都被发明出来了"，现在再回顾这个历史观点，就显得异常可笑。

不管是谁，不管是什么样的环境，只要有创新意识存在，就蕴藏着无限可能。如果一个经理人常用"不可能"来否决团队中的好创意，那他就是在扼杀让团队进步的因素。

传统3D电影要通过红蓝相间的廉价纸眼镜来观看。它们用起来非常不方便，而且看久了，容易引起头痛。著名导演卡梅隆认为一定可以找到办法改变这个状况。他在浏览水下拍摄的镜头时，提出了一个"异想天开"的创新建议："我们可不可以制造一个'圣杯摄像机'，一种高清晰摄像设备，可以同时播放二维图像和三维图像。"卡梅隆希望下一代摄像机可以便于携带、数字化、高清晰而且3D成像。

经过几个月的摸索和观察后，他们来到了索尼高清晰相机部，提出了自己的想法。他们试图说服索尼工程师，将专业级高清摄像机上的镜头和图像传感器从处理器中分离出来，然后将镜头和笨重的中央处理器分离，用电缆线连接。传统的3D摄像机约重450磅，而改进后的摄像机仅重50磅，而且是双镜头成像。

起初,几乎所有人都认为这个想法不可能实现,但最终,索尼还是同意了建一条新的生产线,不过需要有原型。卡梅隆的伙伴佩斯着手研发,3个月后,他们将镜头放入摄像机里,摄像师就能精确地控制3D图像。摄像机实验效果不错,三维成像准确,即使长时间观看,也不会引起头痛。

卡梅隆没有像其他人一样事先认定开发新的3D成像不可能实现,而是积极寻求实现办法,不断尝试,最后终于实现了创新。

(2)跳出固有经验

福特曾在演讲中说过:"几乎所有领导科学潮流的重要发明,均来自有天分而自由的心灵。事实上,在我所涉及的每一个范畴里面,做出重要贡献的几乎都是独立而不拘泥于传统的人。"封闭状态的个人经验不能产生创新,真正有益于创新的个人经验,是持续增长的、开放吸收式的,它可能是不断从实践、书本或他人身上吸收并增长的。经理人应接受新观点、新知识,洞察市场新变化,乐于拥抱变化,敢于接受新挑战。这样的个人经验才能成为创新意识的肥沃土壤,产生源源不断的创意。

一项对1500~1960年间全世界1249名杰出科学家和1228项重大科研成果的研究统计显示,发明创造的最佳年龄是25~45岁。赫尔姆霍斯说:"如果你在40岁之前没能在荣誉的大门上刻下你的名字,那就无须再徒劳了。"

创新真的与年龄有关吗?其实不然。阻碍创新的不是年龄的增长,而是随着年龄的增长,人们越来越依赖自身封闭的经验。

几年前,电影市场上即将出现效果非常好的3D影片,但连锁影院不愿意采用这种新技术,因为每个影院约要投资10万美元进行设备更新。他们长期依赖于固有的播放设备赚取利润,不愿意尝试新的技术设备。2005年3月,在巴黎拉斯维加斯酒店和赌场举行的电影展览会上,有人宣称,"世界已迈入新的电影时代",如果现在的影院不及时调整设备,将来一定会遭受损失,感到后悔。当时,仅有79家影院能够播放立体电影。但是此后5年间,能够放映立体电影的影院增加到了3000多家。这些改进设备的影院成功应对了新的电影时代的改变。

人们容易受限在长期固有的经验中,不愿意接受改变。但客观现实的变化并不会因为人们封闭的经验认识而停滞不前,当变化超过人们固守的现状时,再做出改变往往已经来不及。

(3)聆听他人意见

个人的想法和观点通常会受到自身的局限,面对同一个事物,不同的人产生的想法可能是截然不同的。多聆听他人的意见,不仅可以启发自身的创新思考,还能有助于审视自己的观点是否正确可行。一味地坚持自己的观点,认为自己是对的,只能使自己做出偏执和武断的决定。

微软提倡一种"释放资讯"的管理方式,目的在于互通有无、资讯共用、相互协作。不论你是哪个部门或哪个专案小组,不论你是上级还是下级,都要尽可能地将自己目前的工作状况、专案思路、计划实施、遇到的问题等资讯公布出来。这样一来,人们便可以随时反馈自身的工作状况,借鉴他人的想法做法,共同提高。

(4)多角度、全方面处理问题

过去发生的事情,毕竟只代表过去的某一种情况,它不足以代表今后的全部现象。发生任何事情都需要从多个角度进行思考和观察,全方面地考虑问题,从全局利益出发。

柯达公司的孟宪光遇到过这样一件事。在山西的一个小县城,当地一个购买柯达胶卷的农民气急败坏地投诉胶卷有质量问题。事实上,是该农民将胶卷的铁盒子撬开了,导致胶片全部曝光。就是在这样一个非常贫瘠、对拍照摄影几乎毫无所知的地方,孟宪光看到了一个具有较大潜力的市场。后来,他成了柯达"相机播种计划"的策划人之一。就是在这片大多数人都不看好的地方,两年时间,柯达卖出了100万台相机,并开设了5000个柯达照相馆。

如果柯达公司因为个别事件对该区域市场产生片面认识,将会损失整整一大片好市场。

贾德森为了解除系鞋带的麻烦而发明了拉链,并在1905年取得了专利权。一个叫霍克的军官看中了这项发明,决定建厂生产拉链。经过19年的时间,专门生产拉链的机器终于研发出来了。但是,这时候虽然生产了很多拉链,却没有人乐意用它替换鞋带。直到后来的一个服装店老板将拉链用在了包上,拉链才从此渗透到各个可用的领域。

上述案例中,不管是拉链的发明人还是制造商,都片面地看待了拉链的用途。而服装店老板却从其他角度扩展了拉链的用途,使得拉链在全世界传播开来。

7.创新发明,有规可循

在所有的创新之中, 新鲜玩意儿带来的创新所占的比重是最大的,但同时,这类创新的投入和风险也是极其巨大的。实际上,这种创新就像是一种赌博,参与的人数虽多,赢家却只有那么一两个。如果正在进行十项创新,那么尝试这一类的创新大概能占六七成。实际上,我们日常所讨论的创新也大都是指这些新鲜玩意儿,如圆珠笔的创意、牛仔裤的创意、拉链的创意等。

但是,这类创新也是投入最大、风险最大的。可以毫不夸张地说,它们是风险最大、成功几率最小的创新机遇来源。

索尼公司是日本的旗舰型企业,以研发能力卓著而闻名于世,特别是在娱乐影音方面,更是实力雄厚。

在20世纪60年代,随着日本工业和国民生活水平的提高,日本的有车族数量大幅提升,交通状况每况愈下。遇到交通堵塞时,车里的人需要一些消遣,这种需求不难理解。

对此,索尼打算推陈出新,搞点新玩意儿。索尼借助自己强大的研发团队,设计出了一种小型的车载电视,以供车主消遣,并且在1965年隆重推出。

但让索尼大感意外的是,这款车载电视在市场上大败。起初,索尼把失败的原因归结于价格,或者是汽车影音娱乐的难以风行。但是随后,价格高昂的车载音响大行其道。

所以,在现实中,这种新玩意儿的创新并不像我们所看到的那样,总是能够获得成功。在这些创新的背后,更多的是失败的创意,因为它们失败了,没有走进生活中去,所以被忽视掉了。

对于索尼的失败,"事后诸葛亮"们不难发现其中的败因。但问题的关键是,我们很难前瞻性地、准确地预见这些新玩意儿的市场前景。

一直以来,人们企图提高这些新玩意儿的市场可预测性,但一直没有取得成功。因为这些玩意儿全是新的,没有类似的产品和经验可以作为判断的依据,最终,仍旧只能听天由命,至少在结果未明之前,始终是这样。

所以,这一类的创新对企业而言是高危、高风险的。当然,也有很多卓有魄力的管理者坚信:"成功的创意,就是要不断发明;尝试得越多,离成功就会越近。"

但是,这种"不断尝试,就会成功"的观念是行不通的。新玩意儿往往都是模糊不清且难以捉摸的,根本没有任何经验性依据可以证明"只要坚持,就会成功"。说白了,就是在赌博。

所以,对于企业的管理者而言,最明智的创新策略不是把精力都放在那些新玩意儿上。虽然,科技推动进步,但企业毕竟不是科研机构,企业的生存靠的是利润而不是国家的科研经费,而我们的企业管理者也不是高科技人员。

不过,企业的管理者也不能傲慢地忽视以聪明创意为基础的创新。就个别创新而言,是不可预测、不可组织和不可系统化的,而且绝大多数会以失败而告终。但就和前面说的一样,这是一种赌博,既然是赌博,总会有那么一两个幸运儿。如果你的企业有实力玩这个赌局,那你也可以在自己的可承受范围内"小赌怡情"。

最后,有一个创新的理念需要在这里阐释:企业的创新需要遵循"简单的才是有效的"原则。实际上,这也从侧面说明了聪明地创造"新玩意儿"的低效率、高成本。

如果说起20世纪的Walkman(随身听)市场,很多人都会先说出索尼、松下的牌子,然后就是爱华(Aiwa)。

最开始,在Walkman市场上,只是索尼和松下两家独大,一决雌雄。对此,两家大企业都下了血本在产品的创新与开发上,不断有新的产品推出,功能和种类也越来越齐全。但是,由于索尼和松下的研发实力都十分强劲,所以,终究谁也没有甩开谁。

后来，索尼开始玩花样。索尼对Walkman的创新理念进行了新的诠释，在上面发明了很多与Walkman本身无关的附加功能，而后高调推出。索尼的新产品给松下带来了极大压力，使松下也开始在花样上下起了工夫。结果一时间，Walkman的花样层出不穷。

这时候，爱华突然从Walkman的市场中杀出一条血路，甚至一度成了Walkman市场的主导者，将索尼和松下统统甩在身后。索尼和松下对此大为不解，因为爱华的产品在他们眼里毫无创意可言，除了普普通通的Walkman功能，只是机器薄了一些、播放的时间长了一些而已。

但是，爱华却不这么看。作为成功者，爱华的观念就是：Walkman就是Walkman，花样搞得越复杂，就失去了Walkman的味道，成本既高也没有实用价值；相反，简单、直接地突出Walkman的特点——便携播放，这样的创新才是最有价值的。结果，爱华成功了。

索尼和松下的失败不是创新技术上的失败，而是理念上的失败。他们试图弄出一些新玩意儿，结果花费了大量的成本，却被更简单、更直接的创意击败了。一个"聪明"的新玩意儿往往会以失败告终，而简单、明确的创新反而更容易成功。

创新发明有规可循？

1997年，三星电子引入了一套名为TRIZ的理论。

从第二年开始的5年内，三星电子共获得了美国工业设计协会颁发的17项工业设计奖，连续5年成为获奖最多的公司。2003年，三星电子通过在研究开发项目中使用TRIZ工具，共节约了1.5亿美元，并产生了超过40项专利技术。在美国专利局公布的2004年注册专利排行榜上，三星电子以1604件专利的成绩超过英特尔（1601件），成为世界第六大专利企业。

那么，这个为三星带来巨大收益的TRIZ究竟是什么呢？

首先得回到第二次世界大战刚刚结束的年代。当时,在前苏联海军专利局工作的阿奇舒勒开始思考一个问题:当人们进行发明创造、解决技术难题时,是否有可遵循的科学方法和法则?

阿奇舒勒分析了世界近250万件高水平的发明专利,在综合多学科领域的原理和法则后,建立起了一个关于发明创造的理论体系——TRIZ理论。TRIZ的含义是"发明问题解决理论",由俄语拼写的单词首字母组成。

阿奇舒勒指出,任何领域的产品改进、技术变革、创新都和生物系统一样,存在产生、生长、成熟、衰老、灭亡的过程,是有规律可循的。如果掌握了这些规律,就可以能动地进行产品设计,并预测产品的未来发展趋势,TRIZ正是这些规律的综合。运用这一理论,可大大加快人们创造发明的进程,并得到高质量的创新产品。

早在1946年,年轻的阿奇舒勒便提出了TRIZ最初的构想,但他和他的团队最终奋斗了数十年才将这个理论逐步完善并为人们所接受。随着苏联的解体,大批TRIZ专家移居欧美等国,TRIZ理论也随之传播。在汽车电子、航空航天、工业制造、消费品、生命科学、石油化工等多个领域,创新的背后都有TRIZ理论的存在。包括宝洁、联合利华、LG、索尼、惠普、飞利浦、壳牌石油等各行业的领头公司,均是TRIZ理论和相关软件的使用者。

分解并标准化创新。

西希安工程模拟软件有限公司客户经理杨足对TRIZ做了一番解释:"TRIZ理论将创新发明分为几个过程,首先是提出问题,然后对问题进行分析和定义。"TRIZ认为,"创新过程中遇到的问题不外乎四类,分别是技术矛盾、物理矛盾、功能问题以及物—场模型,而相对应这四类问题,TRIZ理论提供了相应的规律、原理、标准解和科学效应库。"

这让重复劳动成为历史。创新过程中最痛苦的一个经历便是无从下手，从而眼睁睁看着时间一分一秒地流逝。其实，你完全没有必要一个人冥思苦想。因为你正在走的路很可能前辈们已经走过了，你完全可以先找找现成的经验。

实际上，TRIZ是通过对以往发明的总结，归纳出了一套常用规律，使用这套系统，相当于在无形中有一个庞大的经验数据库伴随左右。这就好比是在一个设定好的框架中进行创新，不仅可以节约时间，也可以令新手迅速掌握丰富的"经验"。

专利的"四库全书"。

韩国三星公司无疑是TRIZ理论的受益者之一。但三星不是唯一的一个，福特汽车公司、波音公司都曾获益匪浅。不过，仅是一套聪明的理论似乎不足以获得这么多大公司的青睐，并取得如此多的成功案例。那么，还有什么工具帮助了这些公司呢？

除了前苏联人的理论，还有美国人研究出来的计算机软件以及相关数据库。

基于TRIZ开发的应用软件Goldfire Innovator集成了一个庞大的数据库，其中包括超过1500万项的全球专利库、9000个科学效应库、3000个专业技术网站。"当然，你也可以将你公司自己的经验库加入其中。"

这意味着在总结前人创新规律的同时，基于TRIZ理论的Goldfire Innovator还集成了跨学科的庞大资源，相当于一部百科全书，而这个庞大的数据库还在不断更新中。与此同时，与之相配的搜索程序又大大简化了检索过程。以本田为例，这家日本汽车制造商利用TRIZ软件，使项目信息调查分析阶段的平均时间大为缩短，从平均2.2万个小时减少到了1000个小时。

标准化流程和不断更新的大数据库是计算机辅助创新软件的关键，但还不是全部，因为计算机辅助创新的不仅仅是提供最新的成果和以往的经验参考。

另外一个关键步骤是数据库中的专利检索。"通过这个数据库,你可以知道你所研发的项目是否已经存在现成的专利。"杨足说,"若已有现成相关专利,研发团队可以有三个选择:最简单的就是花钱购买;若不愿花钱且时间充裕,可以完全通过自主研发得到新专利;第三种方法则省时省钱,绕过现有专利,稍作改动从而获得自己的专利。"

此外,对于老练的跨国公司而言,从专利上可以发现更多。"通过跟踪竞争对手最新的专利申请,可以了解对手的技术发展情况,从而帮助公司确定创新战略。"杨足指出,"计算机辅助创新软件可以通过相关数据分析,确定新兴技术的趋势和涉及的关键性公司,并通过比较多个公司的创新情况,做出竞争性分析,从而为公司的创新项目做出评估。"

第六章

整合信息数据，做好知识管理

21世纪企业的成功越来越依赖于企业所拥有知识的质量,利用企业所拥有的知识为企业创造竞争优势和持续竞争优势对企业来说始终是一个挑战。

在组织中建构一个量化与质化的知识系统,让组织中的资讯与知识通过获得、创造、分享、整合、记录、存取、更新、创新等过程,不断地回馈到知识系统内,形成永不间断的、累积个人与组织的知识,成为组织智慧的循环,在企业组织中成为管理与应用的智慧资本,有助于企业做出正确的决策,以适应市场的变迁。

知识管理对企业的长远发展至关重要,但很多公司对知识管理的理解还有一定误区。多数公司的知识管理项目始终处于试水阶段,未再前进一步。

1.知识管理,从理解开始

知识管理可以用一个公式来帮助理解:KM=(P+K)S。

KM(knowledge Management)是指知识管理,P(person)代表企业的员工,+代表信息科技,K(knowledge)代表知识,主要是指企业内部共享的资料,S(share)表示分享。

只有营造一个员工愿意分享的环境,一个员工可以轻松分享的途径,知识管理才能起步。

什么是知识?

达特茅斯大学艾莫斯·塔克商学院教授詹姆斯·布莱恩·奎恩在其荣获美国出版协会奖的著作《智能企业》中,把知识分为了四个层次。依据其重要性从低到高分别为:认知知识(知道是什么)、高级技能(知道是怎样,即诀窍)、系统理解(知道为什么)和自我激励的创造力(关心为什么)。

其中,前三种知识可能存在于组织的系统、数据库或操作技术中,而第四层次的知识更多地体现在组织文化之中。随着知识由认知上升到自我激励的创造力,知识的价值也得到了显著增长。

但是,在实践中,大多数企业把员工培训和知识管理的重点放在了开发基本技能上,对系统技能和创造技能的开发却很少涉及,也就是说,更多的知识管理只关注了让员工"知其然",却忽视了还要让员工"知其所以然"。

因此,只有先从广义上去理解和认识知识,才能对其进行更为科学和有效的管理。特别是如果能够对那些存在于员工头脑中的潜在想法、直觉和灵感进行发掘和管理,并综合起来加以运用,将会更好地激发员工个人的责任感,以及对企业和企业使命的认同感,并将那些潜藏的知识融入实际的技术和产品之中,从而使人人都成为知识的创造者、传播者、共享者和利用者。

如何对知识进行管理?

新的知识总是来源于个体,而知识管理的核心活动就是将个体的知识传播给其他人,这种传播体现在组织的各个层面,无时不在,无处不在。因此,在这个过程中,我们要想更有效地管理知识,就不仅要关注知识本身,同时还要关注知识的发送者、知识的接收者和组织环境,而在这四者之中,知识本身和组织环境尤为重要和关键。

日本先进科学与技术研究所知识科学研究生院的第一任院长,一桥大学创新研究所、加州大学伯克利分校汉斯商学院教授野中郁次郎先生在其著作《知识创新型企业》中,通过对大阪松下电器公司的开发人员开发家用烤面包机的案例进行分析,进而提出了"显性知识"和"隐性知识"的概念。其中,显性知识具有规范化、系统化的特点,所以更易于沟通和分享,例如产品说明、科学公式、计算机程序等。隐性知识是高度个人化的知识,具有难以规范化的特点,因此不易传递给他人。用哲学家迈克尔·波拉尼的话来说,就是"知而不能言者众"。此外,隐性知识深深地根植于行为本身,根植于个体受到的环境约束,主要分布于高级技能、系统理解和自我激励的创造力之中。

显性知识和隐性知识的区别表明,组织中的知识管理有四种基本模式。

(1)从隐性到隐性

有时,单个个体可以直接与其他个体共享隐性知识。例如我们熟悉的师父带徒弟,虽然徒弟能从师父那里学习到认知知识,但不管师父还是徒弟,都没有掌握认知知识背后的系统化原理。他们所领会的知识从来都不能清楚地表述出来,因此很难被组织更有效地综合利用。

(2)从显性到显性

单个个体也能将不连续的显性知识碎片合并成一个新的整体。例如,总公司收集各分公司的信息,形成一份报告,虽然这份报告综合了许多不同来源的信息,但这种综合并没有真正扩展公司已有的知识储备。

(3)从隐性到显性

将隐性知识显性化,意味着寻找一种方式来表达那些只可意会不可言传的东西,而能达到这一目的的管理工具包括实践社团、商业智能、情境规划、建立学习型历史文献、行动学习等。

(4)从显性到隐性

随着新的显性知识在整个企业内得到共享,其他员工开始将其内化,用它来拓宽、延伸和重构自己的隐性知识系统。

在知识管理中,上述四种模式都会存在,而且发生着动态的相互作用,而从隐性到显性和从显性到隐性则是知识管理的重点,它们相互转化的过程也是组织的知识螺旋式上升的过程。

正如我们所知道的"硬性"结果(如财务指标和技术指标)常常由"软性"问题(如企业文化和组织环境)所决定一样,如果我们把知识管理比喻成火炬,那么组织环境就是点燃火炬的火种。在上文的论述中,我们明确了隐性知识在知识管理中占有重要的地位,也是知识管理最主要的对象。而实际上,由于隐性知识不仅包括高级技能,而且包括系统理解和自我激励的创造力。因此,将隐性知识显性化,使它能够被组织的成员共同分享的过程,实际上也是个人世界观的表达过程。当员工创造新知识时,他们同时也是在重塑自我和组织环境。但同时需要引起我们重视的是,即使员工们确实产生了一些有价值的想法和见解,他们仍然很难将这些信息的含义传递给他人。因为对于新知识,人们不仅仅是被动接受,还会从自己的处境和立场出发加以理解和解释,于是,在一种环境下有意义的知识,如果传递给另一个环境中的人,它就可能会改变甚至失去原来的意义。

因此,营造一个能够引导员工进行知识创新和共享的环境,使他们能够相互交流、不断对话、促进反思,并从不同的角度进行审视,进而将不同的见解统一起来,形成新的集体智慧,最终融合到新技术和新产品中,将是知识管理的首要步骤。而在营造组织环境的过程中,打破部门和企业界限,确保思想的及时交流,同时对员工加强头脑风暴法、解决问题能力、评估实验以及其他核心学习技能的训练,对于消除组织影响学习的障碍、提高知识管理的效率都是非常重要的。

如何对知识进行有效的综合利用?

四百年前的哲学家培根曾说过:"知识就是力量。"而诺贝尔经济学奖获得者哈耶克教授却认为:"知识加自由才是力量。"的确,面对这样一个信息时代,只有通过对知识进行有效的综合利用,使知识在组织内转化为新的行为方式,知识才会使企业更有力量。

哈佛商学院教授戴维·A·加文在其著作《建立学习型组织》中,从五个方面对知识的有效综合利用进行了描述:系统化地解决问题,采用新方法进行学习,从过去的经验中学习,从他人最好的实践中学习,在组织中迅速有效地传递知识。同时,他还认为,如果不能对事物做出评估,也就无法对其进行管理。因此,全面的学习型的评估尤为重要。这种评估既包括对认知行为变化的评价,也包括对一些有形的结果的评价,其最终目的就是要将新的知识转变为自身新的行为方式,并通过行为的改变提高企业的业绩。

不创新就落后。当今社会,每个人都对竞争的趋势感同身受,但想要对这种趋势做出正确的反应却并非易事。因此,我们必须更好地运用知识、管理知识,以使我们在竞争中抢占先机,让我们在竞争中更有力量。

2.知识管理项目四大阶段

知识管理项目通常可以分为四大阶段,即知识管理规划、知识梳理、系统选型与实施和持续改进。在项目各阶段,企业都可能面临各种风险。

在讨论这些风险之前,我们先看看这四大阶段,企业都要做哪些工作。

在知识管理规划阶段,企业面临三项主要工作。

一是明细未来的发展战略,总结企业的核心成功要素,判断知识管理的支撑点。比如,以产品研发为主的企业,知识管理主要应用在研发部门;以销售导向、终端控制为主的销售型企业,其知识管理的核心应用应当在市场营销部门;以客户服务为导向的服务业,知识管理有助于提高对客户知识的管理和客户服务经验的管理。

不同企业的业务模式、发展战略、关键成功要素决定了知识管理的总体战略和核心应用。

二是制定知识管理蓝图。知识管理蓝图帮助企业明确开展知识管理工作的知识蓝图、管理蓝图、IT蓝图、文化蓝图。

三是企业知识管理的计划分解。这能帮助企业解决在什么时间投入哪些资源实现什么目标的问题。

在知识梳理阶段,企业面临两项主要工作。

一是业务流程梳理。首先必须从核心业务和管理流程的梳理开始,明确企业关键流程,这有助于之后的知识内容分析。这项工作的成果是企业的总体流程体系。

二是知识内容分析。基于业务流程梳理,分析与判断流程关键点上的显性与隐性知识, 这项工作涉及与业务流程各节点的员工的多次访谈与交流,分析他们在工作过程中产生或总结的知识内容。在知识内容分析阶段,企业还应当制定知识分类的原则,构建知识分类体系。通过上述流程梳理和知识内容分析的工作,企业即可构建知识网络图和知识历程图。

在系统选型与实施阶段,企业必须根据知识管理规划的蓝图和知识梳理的成果,选择合适的软件系统进行支撑。系统选型前还需要判断是购买成形的商用软件还是自行设计定制软件。在选择软件系统实施公司时,必须考虑的要素包括:

(1)投标人的资格与资信,如投标人自身规模和实力,投标人是否具有成熟的项目相关软件产品等。

(2)投标人的客户情况,如投标公司的客户数量及相应名单,投标人是否拥有大型企业集团软件项目的经验。

(3)投标人的相关项目实施方法,如投标人关于信息系统开发、实施的方法,完整的项目实施计划等。

(4)投标人对项目实施的相关风险认识,如判断投标人不太成功的软件项目。

(5)系统的技术性能,如系统是否存在用户限制、产品的成熟稳定性等。

(6)系统的功能特性,如信息发布、文档管理、文档检索等。

(7)项目开发和实施服务,如投标人对项目需求的理解程度、项目开发和实施团队情况、投标人对该项目的承诺等。

通过综合分析产品和实施方的能力,最终确定KM系统的合作方,开展实施工作。

KM系统实施完毕后,并不代表KM项目的结束,企业还需要开展持续改进工作。

在这个阶段,企业需要随时监控业务流程的运作、软件系统的效率、企业文化的塑造、专业人才队伍的维护与激励等情况。以业务流程的持续改进为例,企业在一定的时间段内可以针对现有的所有流程进行分析,挑选问题、抱怨最大的流程进行重点分析和改进。以专业人才队伍的维护为例,KM项目结束后,一批经过历练的经验丰富的管理和业务人才需要新的、非项目形式的管理和激励方式。这些工作均要纳入到持续改进阶段逐步完成。

知识管理项目的四个阶段蕴含着各种风险。下面从企业的五大管理要素模型(战略、组织、绩效、流程、文化)出发,对这些风险展开描述和解析。

战略支撑风险:知识管理战略规划必须从企业整体战略出发。知识管理战略规划成果应当支撑企业战略,企业面临的风险在于如何形成支撑企业整体战略的知识管理战略。上文也提及,战略重点决定了知识管理应用的重点,这也是体现KM项目的价值所在。起步阶段的规划失误将直接导致知识管理走向失败。

组织设计风险:对于大型企业而言,知识管理工作需要一个专门的组织完成。知识规划阶段需要考虑该组织的架构及其团队构成,不同的团队构成会直接影响该组织对于知识管理的推动力。

变革推进风险:企业想要顺利开展知识管理,必须将员工绩效考核策略与之直接挂钩。对于很多企业来说,绩效考评的调整会受到既得利益者的反对,若要推动这场变革,企业会面临很大的风险。

共识达成风险:企业内部不同部门和团队对于知识管理的理解、看法都不同,有些部门对此感到恐惧,担心部门利益受损。这与大家对知识管理的认识程度的差异密切相关。企业必须想办法让知识管理在企业内部达成共识,让所有人理解知识管理对于他们的意义和价值。

文化惯性风险:企业原有的文化有可能与知识管理不相匹配,这时,企业就需要逐步调整和塑造企业文化,以支撑知识管理工作的顺利开展。固有的企业文化存在一定时间的惯性,如何尽快调整文化的惯性,是企业面临的一个挑战。

知识遴选风险:KM要求企业在知识梳理阶段,要选择能够支撑核心业务和管理活动开展的知识,在这一过程中,企业会面临知识遴选的风险。若梳理的知识为非核心知识,那么,KM将无助于企业业务和管理活动的顺利开展,这会导致企业员工对知识管理的不信任感增强。

知识协同风险:不同部门、团队的知识存在协同的风险。在未实施知识管理前,不同部门之间的知识缺乏正式的沟通渠道,很多企业存在"部门墙"。想要打破这堵墙,实现知识协调,势必会面临各利益团体的挑战。

流程调整风险:知识梳理前,企业通常需要开展流程梳理和调整的工作。明确核心业务和管理流程后,才能明确关键控制点上的知识。流程调整后,员工的工作方式和流程会发生改变。如何让员工适应这种调整,企业需要做很多工作。

知识共享风险:这是知识管理面临的最大挑战之一。在企业内部塑造知识共享的文化,让所有员工积极主动地共享他们的显性知识和隐性知识,对于许多传统企业来说是很难做到的。

项目控制风险:企业在实施知识管理项目的过程中要有效把握项目的进程,如项目推进组织不力、项目时间和进度失控、实施成本超出预算、实施质量难以保证等。这是知识管理项目的控制风险。

制度保障风险:若企业只指望从技术上给知识管理提供支撑,而不能通过制度来保证企业知识管理活动的进行,进而塑造新的企业文化,那企业的知识管理活动就存在失败的风险。知识管理项目的最终用户是全体员工,让如此众多的最终用户改变日常的工作习惯是一件工作量很大而且困难的事情。如何让员工在工作中自觉地使用知识管理系统来贡献和共享知识呢?除了系统使用方便、简单、有效,并且能够满足公司业务在知识管理方面的要求等技术因素之外,更为重要的是建立一套严格的管理制度进行保证。

系统支撑风险:挑选合适的知识管理系统软件支持知识管理,存在系统支撑风险,主要包括知识管理系统软件本身存在的功能风险以及企业选择软件时的选型风险。软件功能不符合企业需求、集成开放性不足、成熟稳定性差强人意、缺乏软件供应和服务商的评估手段、选型时无所适从、盲目决策等都会最终造成知识管理项目的失败。

系统使用风险:主要是指企业在知识管理软件系统上线运行之后,企业员工却不能经常性地使用系统,也不能对知识管理系统进行维护,从而难以保证知识管理系统中知识的数量和质量,在"恶性循环"中使知识管理系统逐渐成为一个华而不实的摆设。

战略模糊风险:知识管理项目结束后,其他的战略会随着时间的推移逐步调整,知识管理战略也需要紧紧跟随企业整体战略做调整,否则很容易出现战略模糊风险,导致KM在支撑企业战略方面力度不足。

组织涣散风险:全职或兼职的知识管理团队在项目期间会投入很大的精力参与工作,但进入项目结束后的持续改进期后,团队往往会精力不集中,企业知识管理工作也会面临组织涣散的风险。

人员流失风险:知识管理项目结束后,一批专业的KM从业人员已经成长起来,企业必须采用一套好的绩效管理体系维持这批专业人员的稳定性,否则,企业将面临KM专业人士的流失风险。

持续发展风险:主要是指企业对知识管理的长期变革特性认识不足,以为只要软件系统上线,项目就大功告成了,从而给企业的知识管理带来了一个发展中的风险问题。知识管理技术在发展,企业对知识管理的需求也在不断变化,如果以静态的观点来看待知识管理项目,则难以从知识管理中充分"榨取"效益,也不能使知识管理在企业中得到持续推广。随着业务的发展、流程的调整,企业的知识管理工作需要进一步提升。

文化弱化风险:企业的文化需要不断塑造和加强,否则会逐步弱化,企业员工的知识共享文化和精神也容易逐步淡化。企业需要采取各种措施，做大量企业文化强化的工作，保证良好的企业文化指导和影响企业所有员工的行为方式。

3.将知识体系融入企业文化中

企业不分大小，都有自己独特的文化氛围；职位不论高低，都有本身内敛的知识环境。企业文化给企业带来的影响是我们有目共睹的。在这里，我们无须讨论优秀企业文化的价值，而是要探讨如何通过知识管理更好地建立和维护良好的企业文化氛围，让其成为企业自身不断完善的工具。

超市里每日负责为顾客开门的门童发现，进进出出的年轻顾客中，貌似为人父母者在购买纸尿裤及其他儿童用品的同时，一般都会顺便带上一些日常换洗的居家衣服，母亲通常会带上些简单的头饰，而父亲则会带上些香烟和啤酒，尽管数量不多，但时间长了，总收益还是很可观的。于是，这个门童就将这个发现告诉了超市的经理，经理非常认真地听取了这个建议，重新安排了超市中产品的摆放，一段时间后，他惊喜地发现超市的利润增加了很多。所有物品的种类和质量并没有发生变化，变化的仅仅是位置。

这就是知识的力量。知识并不是单纯通过学历教育就可以掌握的，案例中的门童没有受过正规大学教育，却可以发现这一细节并帮助超市获利,这也可以称为知识。

知识存在于工作、生活、学习的每一个环节。所谓"智者千虑,必有一失;愚者千虑,必有一得",任何人头脑中存在的东西都可以被作为知识来看待。那么,我们如何来获取、分析别人头脑中的知识呢? 这是第一个问题:知识是无形的、不可强迫的,它存在于每个地方。

云南纳西族至今仍然在推行原始"走婚"的方式传宗接代,母系氏族社会的生活方式使他们围绕祖屋而居,拥堂火而坐,使用象形文字。男人每天大部分时间都在休闲中度过,这样悠然自得的生活可能多多少少会引起都市中男人的美慕。排除政府的保护主义、建立旅游区的因素之外,在那里居住的人们没有觉得自己的生活有什么不好,尽管他们也会感受到外人那充满惊异、不解、激动的眼神。这就是文化的力量。

文化也属于精神世界的范畴,它指导人们按照固有的方式思考。就像我们每天可以在街上看到的情形一样:如果某个商场门口有一块空空的场地,来来往往逛街、办事的人们总会试探着将自行车放在这块空地上。但是,如果空地上一辆自行车都没有,大部分人都会在犹豫、踌躇一会儿后走开,假如这个时候有一个人将自行车放在那里,那后面的人们就会不假思索地继续放下去,直到堵住商场的门口还振振有词地说:"大家不都放在这里吗?"此时,商场门口是否摆放"禁止停放自行车"的标志牌根本就无关紧要。

文化就表现在人们日常的习惯上,它会让人们超越大众的价值观而做自己认为对的事情。那么,我们应该如何培养人们的习惯,进而形成文化力量呢? 这是第二个问题:文化是人们约定俗成的习惯,是允许人工建立的,具有很大的影响力。

东方人从小被灌输内敛、修身养性的道理,对亲人的爱、对国家的情、对事业的追求要深深地埋藏在内心深处;西方人则被教育成具有开放、特立独行的个性,对任何事的好恶、对任何人的爱恨都会尽情地表达出来。当然,这并不能构成评价东西方人好坏的标准,只是用来表明不同而已。

有一个美国朋友,有一天打电话给中国朋友说:"我太太给我生了一个女儿!"中国朋友当然对他表示恭喜,说:"Congratulation!"他可能听出来中国朋友表现得比较平静,静默了几秒钟,再次说道:"你不激动吗?生了一个女儿,这是多么不容易的事情啊!"

是什么造成了他们之间表现的差异呢?这是第三个问题:知识的获取决定了文化氛围的不同,也决定了对同一信息的不同处理方式。

上述三个例子说明,从人到社会,都受到了不同的知识体系、不同的文化氛围的影响,而知识是塑造文化的核心力量。进而到社会的经济主体——企业,也会是同一种处理方法。

企业也是一个小的社会,这里面有劳动者——普通员工、管理者——管理层、所有者——决策层,这三种既相互联系又互相制约的群体构成了企业的三种知识环境。

一个例子可以表明这三种知识环境是完全不同的:比尔·盖茨发现DOS有可能成为主流产品的时候,IBM的管理者和所有者都没有看到这一点,故而比尔·盖茨成为了微软公司的所有者而不是原来IBM的成员,尽管最早接触DOS的是IBM而不是比尔·盖茨。

一个企业的文化氛围中包含一套知识体系,这套知识体系中包含三个层面的知识环境。由于知识环境是伴随着人的成长、学习和工作建立起来的,故而知识环境又反过来影响知识体系,知识体系又制约了企业的文化氛围。所以,要建立良好的企业文化,就必须做好知识环境,建立知识体系,让企业成员按照企业需要的思维进行工作,这就是知识管理。这样就遇到了我们的第四个问题:如何做好知识环境,建立知识体系,塑造企业文化?套用哈佛商学院的一个观点:要想头脑风暴成为企业有力的工具,参与者必须满足几个条件。

首先,参与者必须获得所需的信息资源。

其次,参与者必须具备处理分析这些信息资源的能力。

再次,参与者要拥有一定的决定权,也就是需要调动参与者的积极性。

下面以头脑风暴为例,参考一下知识管理的思考角度。

(1)获取所需的信息资源

最初的时候,人们通过烽火来传递信息,用的是视觉效果;其后,人们用文字和口讯来交流,用的是视觉效果和听觉效果;随后出现报纸、广播、电视等媒体,用的是触觉、听觉、视觉共同的效果来获取信息。总体来讲,视觉和听觉是我们获取信息资源的主要途径,计算机网络只是增加了视觉和听觉的途径,使之更容易接受而已。那么,我们所建立的企业内部信息化网络也必须满足使用者对视觉和听觉的要求,只有这样,才可以增加成为知识的几率。

(2)具备处理分析信息资源的能力

对信息资源的分析处理能力有可能来自缜密的逻辑思维和统计,也可能来自过往的经验和成果,还可能来自所谓的商业直觉(个人认为这一点是来自于前两者的集成,因很多商业人士都这样说,故而也作为一种可能性)。那么,对于这个方面的加强,很多传统方法是通过读书、学习、讨论带来的,应用计算机信息网络可以使这些传统方法变得随时、随地、声形并茂。但也要注意,学习的习惯是长期养成的,并不是我们建立了计算机信息网络,用户就会自然而然地去使用。

(3)一定的决定权

这是由公司的体制决定的, 并不是通过知识管理可以影响的问题,是通过知识管理的角度来考虑头脑风暴的关键因素。

当然，既然受众者包含三种知识环境，就应该有三种不同的方法来对应这三种知识环境，毕竟我们不能期望所有的企业员工都用决策者或管理者的思考方式来处理工作，那样会造成百家争鸣、群龙无首的局面。所以，知识体系的确定非常重要。

企业文化除了具备传统意义上的导向、约束、凝聚、激励和辐射功能外，还会对企业的知识管理产生一定的影响。这些影响具体体现在以下几个方面：

第一，企业文化决定人们对待知识的态度。

企业文化对知识管理的作用是不能被忽视的。一些企业文化只认可那些经过编撰的，可以用正规化的、系统化的语言来传递的显性知识；而另一些企业文化则认可和推崇存在于个人头脑中的、存在于某个特定环境下的、难以正规化的、只能通过交往获取的隐性知识。在只认可显性知识的企业中，人们不愿意把自己特有的知识与人分享，怕因此失去在企业中的地位。这时，如果企业能够鼓励员工贡献知识，并按员工对企业知识的贡献大小对其出让股权和进行职权的重新分配，那它一定能加速其技术创新和知识创新，从而在竞争中保持优势。

第二，企业文化影响员工个人知识与企业集体知识之间的关系。

企业文化包含所有不可言传的关于组织与其员工之间如何传递知识的规则，它界定哪些知识属于组织，哪些知识属于员工个人，它决定在公司中谁应有什么知识，谁必须分享这些知识，谁有权保存这种知识。企业领导层如果不能准确理解企业现有的知识传播机制，不能制定相应的战略改变这种机制，那么想改变与知识相关的行为将会十分困难。如果企业很明显地认为某些部门比另一些部门重要，那毫无疑问会挫伤知识交流的积极性，导致各业务单位尽力保卫自己的知识库。

第三，企业文化决定企业对新知识的态度。

企业文化决定着企业如何对待、获取和传播新知识。对于今天那些面临剧烈的甚至威胁其生存的技术与竞争形势变化的企业来说,这个过程的动力机制反映了一个特殊的问题,即如果它们希望在这个竞争激烈的环境中生存下来,便必须尽可能快地获取、验证和传播新知识,以便及时调整企业战略与资源配置。

第四,企业文化影响企业对知识的创新。

企业文化如果是积极向上的,将有利于知识的创新;相反,则会阻碍知识创新。

通过前面对知识管理和企业文化以及两者关系的介绍,我们可以清晰地分析出:当今企业文化的建设是在尊重知识、尊重人才的前提下进行的。

那么,如何处理好两者的关系,使其发挥尽可能大的作用呢?

首先,企业必须建立起一套完备的知识管理体系。

知识管理无处不在。企业要尊重有知识的人才,发挥他们的工作优势。由于某些知识是隐性的,只能在实际工作中积累和发掘,隐性知识显性化是知识管理的难点。前面讲过,有的员工不愿意将自己的隐性知识告诉别人以保持自己在组织中的优势地位。所以,管理人员必须把人才建设放在第一位,使员工有归属感和成就感,强化他们将自己和组织看作一个发展整体的意识。这样,员工就会尽可能地努力工作,把自己的所学积极地应用到实际工作中,为企业知识管理锦上添花。

其次,企业文化的建设并非朝夕可至,不能急功近利。

文化不是几句口号、几份报告就可一蹴而就的。企业文化的构建必须从企业活动的方方面面着手,上至领导阶层,下至各部门员工,他们对企业的认识是有区别的,在区别中又会有某些相同的元素,这就需要仔细分析。先根据大量调研和分析的结果提出初步的企业文化建设方案,然后再下发全面征询意见进行修改,如此反反复复,层层推进,才是正确的企业文化构建步骤。

最后,在企业文化的推广普及中更要注重知识管理。

知识是不断更新的,同样的知识在不同的时间和空间中使用可能会产生不同的结果。企业对员工的知识技能培训必须跟上时代发展的步伐,避免"落后就要挨打"的被动局面出现。

4.知识经济时代,传统行业资源整合途径

一般来说,传统行业在知识经济时代的资源整合途径有以下几种:

(1)耐克模式

这类机构在运作时能产生完整的功能,包括生产、营销、财务和设计等,但在机构内部却没有完整执行上述的所有功能。这类机构仅保留核心功能,而将其他附加值不高的委托到行业的产业链的其他位置,借助外部力量实现所有的功能。如运动鞋的著名品牌"耐克",本身不生产一双鞋,他们专攻附加值最高的设计和行销,而把生产有选择地委托到低成本的新兴国家代为进行。这种模式是一种最常见的行业资源整合模式。

(2)中化网模式(垂直门户网站模式)

中化网模式是指类似中国化工网,借助互联网建立行业垂直门户网站,建立行业内的企业和产品数据库,为企业和相关产品进行网上营销。这类机构往往具备一定的行业资源,或者具有较强的技术资源。从1997年互联网在国内兴起开始,这类网站逐步出现,也经历了互联网的低潮期,目前已经进入平稳发展期和成熟期。

(3)孵化期模式

上述的第二种模式虽然给企业提供了很多方便,在一定程度上为各个行业的发展提供了机会,企业借助垂直门户网站也得到了一些实惠,但准确地说,这类网站不能真正解决企业面临的诸多问题,只是为企业的产品销售提供了一些额外的机会,解决了一部分信息不对称的问题。

孵化期模式,也可以说是知识营运模式,是指一部分具有较多行业资源,并且具备较强的行业资源整合能力的机构,结合自身、政府、研究机构、金融、咨询等各个行业产业链上的优势力量,以行业知识营运为核心,为企业提供孵化服务。从多角度深入到行业价值链的各个层面,扶持一部分企业提升品牌价值,增强市场渠道能力,提高产品研发能力等,从而提升行业在整个社会经济总量中的地位。

下面看一看后两种模式的差异。

(1)行业知识营运平台与行业垂直门户网站

前者以后者为基础,是后者发展到一定阶段发生质变的产物。

互联网经过十多年的发展,已经由最初的萌芽状态、狂热过程发展到目前理性的高速发展阶段。我们应该看到,目前成功的互联网企业的盈利模式主要:广告收入,包括搜索排名(以新浪为例);短信收入(以163、网易为例);游戏收入(以盛大、网易为例);会员制收入(以阿里巴巴为例)。

前三项暂且不论,针对最后一项,其实阿里巴巴网站主要是以为企业提供商业机会为业务模式,而一些行业的专业门户网站,如中国化工网,主要也是以广告、行业会员收入(为企业会员提供商业机会)作为自己的商业模式。上述这几种模式,经过若干年的发展,网站发展已进入成熟期,如果后来者想进入,具有较大的难度。

但是,上述的行业垂直门户网站已经很难有进一步的发展,因为行业垂直门户网站的定位主要是为企业提供市场信息和商业机会,主要的收费渠道是企业进行网上推广的广告费和有关市场信息和商业机会的会员费,其他值得企业付费的服务很难推广。

而企业除了市场信息和商业机会外,还需要通过互联网了解其他与企业发展联系密切的内容,如同行其他企业的成功经验、竞争情报、行业技术进展、行业专家资源等,这就为知识管理平台的发展提供了广泛的发展前途,知识管理能达成上述目的,并且提供的服务是动态、交互的,更显商业价值。

从广泛的意义上说,阿里巴巴网站是一个有关各行各业商业机会的知识管理网站,只不过强调的更多的是知识的实效性。

(2)知识营运平台服务是一整套知识管理咨询服务,而信息网站是以网站为中心提供服务

知识管理不仅是技术项目,它是一种"技术—社会"系统,某种程度上,"人及流程"的因素更大。我们提供的服务也不仅是技术平台,而是围绕知识库的整套营运服务,包括技术、内容、人的参与、企业内外知识的交互等。只有把营运服务做好了,才能吸引更多的企业成为此平台的收费客户。

而信息类网站的所有服务是以网站为中心展开的。

(3)知识和信息的区别

信息与知识是存在很大差距的,从信息到知识的演变正是知识管理的任务之一。

我们日常接触到的主要是企业的各类数据和信息,这些数据和信息必须经过加工,为企业日常运行服务,才能算是知识。而日常的企业信息化工作也只是处于信息管理的阶段,知识管理的任务就是把这些数据和信息发展成为企业的知识,为企业所用,并提供决策服务。

行业信息门户网站发布的内容属于信息的范畴,这些信息量大而杂乱,并且存在许多糟粕,企业需要花费大量的人力、物力去整理、分析,才能为自身所用。行业信息网站中提供的信息,并不要求对其所含的知识内容

给予具体的分析、提炼,只是作为素材化的材料直接提供给用户。人们通过各种检索手段获取的只是文献或数据信息本身,并不一定是知识。

　　而知识管理从行业知识库的角度出发,致力于为企业用户提供同行业的经过整理、沉淀的知识,让大家一起分享,并与企业的业务相结合。一方面,从大量显性知识中提炼蕴涵着的隐性知识,为大家所共享;另一方面,充分开发和管理存在于人脑中的、具有创新活力的大量隐性知识。一旦能成功营运,其对企业的价值和盈利能力非行业信息门户网站所能比拟,具有广泛的发展前途。

　　(4)信息网站数据库难以针对性、系统地满足个性化知识需求

　　行业信息门户的数据库作为一种资源,通常是按信息载体形式和内容范畴进行分类加工。想要衡量它的内容质量,一般是从其信息采集范围的完备性、层次性、数据更新的及时性、数据可交换性等方面,评估它在内容服务上对普通人群的普适性,很少也难以考察其对个性化的信息与知识需求的满足程度。

　　网站的信息服务虽有能提供快速、大信息量服务的优势,但难以简捷而系统地提供知识和针对性地解决人们的问题,更无法挖掘各类隐性知识,难以对信息资源进行彻底的开发与利用。这一缺陷限制了它的价值空间,也制约了行业垂直门户网站未来的发展。

　　(5)资源提供和接收的主体不同

　　行业信息网站信息提供的主体是网站营运商,这些企业往往聘用了一定规模的编辑人员,或者从其他媒体采集相关信息和数据来充实网站上的信息库。这些信息接收的主体是对这个行业感兴趣的人群,甚至是普通人群。这是一种典型的"一对多"的单向传播模式。

　　而行业知识营运平台的知识提供主体是处于行业产业链里的专业人群,这个人群同时也是知识的接受者、行业的孵化器,而知识营运平台的营运商,只不过是中介者和经纪人。这是一种"多对多"的双向传播模式。

5.将流程管理与知识管理相结合

业务流程导向的知识管理的主要目标就是通过识别核心流程,并对核心流程中相关的输入、输出以及知识支撑进行有效梳理和固化应用,从而提高流程执行的效率和成果质量。业务流程相关的主题专家可以从知识管理的角度对业务流程进行再思考,将可重复使用的知识嵌入到合适的流程环节。这种知识管理模式减少了大量的时间,诸如决策、建议和寻找相关信息所需要的时间,从而为提升业务流程的执行力提供了很好的支撑。

我们也发现,在很多企业从激进的BPR(业务流程重组)转向理性的流程管理之后,仍然会出现不和谐的声音,比如:"我们已经做了流程管理项目,并且按照标杆实践建立了公司的流程,但却发现流程落不了地,执行中会走样!"为什么会这样呢?

同样的一个流程,都是从A到B再到C,但往往不同企业甚至同一企业的不同人执行起来效果是不一样的,原因是什么?关键就在于A、B、C每个执行环节背后蕴涵的知识语境。通过流程梳理,通常可以保证从A到B再到C这样的逻辑关系是合理的、优化的,它解决了横向的信息流,但并不能保证A、B、C每个环节都得到高质量的执行,因为这其中需要高质量的纵向知识流的支撑。

而纵向知识流主要体现在两个方面:一方面是每个执行环节的员工能力状况如何,一方面是在每个执行环节是否给员工提供了必要的知识支援,比如是否针对各个环节的知识和经验进行提炼,将最佳实践沉淀为表单、checklist(清单)、模板,并进行有效的复用。

我们发现,"知识"是使流程得以有效执行、切实落地的重要因素。

某集团在知识管理实践中采用了从流程切入的思路,它从直销企业的业务特点出发,将流程管理与知识管理相结合,在企业内部实施基于流程的知识管理,为集团实行知识管理提供了理论依据。

目前,此集团知识管理系统中已建立起200多项业务和管理流程,包括行政、营销、研发等各个方面。为了提高流程对市场需求的新变化的适应能力,快速响应客户的多样化需求,企业通过知识支撑的流程管理,可以快速重组流程。

在流程的活动过程中,尽可能采用并行协同作业方式,或者交叉协同作业的方式,从而使貌似复杂的流程活动变得有条有理,使企业在市场和客户面前保持高效、快捷的良好形象,同时促进提高企业内部员工的工作能力。流程管理还能让扁平化组织结构的需求和拥有更高素质和工作才能的员工的需求得以满足。

6.IT资源整合之重——企业成长路上的难题

随着电子商务的进一步发展,人们逐渐认识到自己真正关心的其实并不是基于何种技术和结构原理、具备何种功能的"IT产品",也不是软件开发、硬件维护、系统集成、网站设计等某种单一类型的"IT服务",而是经过整合的、可以直接满足其经营管理活动所需要的"商业应用价值"。

企业信息化能使企业的运作建立在更高效、更科学、更精确的平台上,成为具有竞争力的经济单位,成为社会发展的资源,促进企业发展。

信息化的过程则需要相应的投入，也同样是资源耗用的过程。但是在企业信息化工作中，如果准运证、呼叫中心、资金结算、办公自动化等系统互为信息孤岛，那么信息即使收集到了，也会因为不能更充分地汇总分析，而降低为决策者提供有效参考的价值。因此，当前信息化的关键之一就是整合统一，把这些信息孤岛整合起来，形成互联互通的统一IT系统。因此，对IT资源进行整合是企业成长过程中必须要解决的难题。

在企业内部的管理平台上整合现有的IT系统资源，同整个价值链上的合作伙伴建立符合统一标准的信息共享和交流渠道，使得跨企业、跨行业的供应链流程更加畅通和便捷。企业孤立的信息化并不能与信息时代相配合，与社会紧密相连的供应链管理、客户关系管理、电子商务环境都体现出信息时代的发展特征。在信息时代，企业信息化需要考虑和利用的不仅仅是内部的资源，更需要看到整个社会在信息化方面所能提供的资源。

只有当企业的信息化与整个社会的信息化联动起来时，才能使企业信息化达到一个更高的境界。整合社会的信息化资源包括对信息化环境的观察和分析、行业的信息化状况、系统集成商所提供的集成方案、软件公司提供的系统方案等。企业信息化所需要的外部IT资源有超过一半以上是通过服务来实现的，因此，首先要关注的是服务者所创造的品牌价值。一般而言，处于知识劣势的企业比较难从更深的方面来挑选这些资源，而品牌地位可以通过考察服务者的公司面貌、服务文化、市场认可程度来判断。

网络主管面临整合的新任务和新问题。

企业在进行信息化建设时，对视频、语音、数据的融合统一，网络的安全性，接入手段多样性等方面的关注逐步提高，期望通过一系列IT技术手段更加有效地将合作伙伴、供应商和客户紧密地连接在一起。总体来看，当前企业信息化建设正处于一个矛盾转折时期。一方面，经过多年信息化建设,IT系统为企业带来了高效率、低成本的好处;另一方面,面临业务整合压力,网络主管们在IT资源整合、IT资源管理和IT业务个性化等方面都面临着重大挑战:在IT资源整合方面,要解决通讯、计算机、存储三大资源的整合;在IT资源管理方面,需要从过去简单的网络管理转向全面的资源管理以及业务管理;在IT业务个性化方面,需要从简单应用转向业务流程整合,并针对不同问题提供个性化解决方案以及服务。面对诸多问题,如何建设一个技术开放的IT系统,实现通信、计算、存储三大资源整合管理与信息系统优化就成为了解决问题的关键。

面向服务的体系架构SOA是以服务为基本元素建立企业IT架构,如果从技术层面来看,SOA是一种"抽象的、松散耦合的粒度软件架构";而从业务层面来看,SOA的核心概念是"重用"和"互操作",它将企业的IT资源整合成可操作的、基于标准的服务,使其能被重新组合和应用。通过采用SOA,企业可以重复利用其现有资源,包括开发员工、技术、软件、硬件、语言、平台、数据库和系统,提高业务和服务的创新能力。根据研究报告,适当使用SOA能减少成本,增加资源使用效率近40%,同时可减轻达10倍的维护工作量,减少潜在风险、管理和监视费用。更加重要的一点是,SOA可以帮助企业拥有必要的灵活性,重建一个有"客户响应能力"的企业,以面对日益快速变化的环境。

想要进行企业信息化建设,就要按照统一平台、统一数据库、统一网络的要求,努力实现系统集成、资源整合、信息共享,有效整合企业的各种"信息孤岛"。但IT网络主管们发现,在实施过程中存在许多问题。

用户在实际操作中,对"统一"工作还存在不同的理解,有的甚至是误解。比如统一数据库,有的用户使用了微软的SQL,有的使用了Oracle(甲骨文),有的使用了IBM的DB2。那么,统一数据库是否意味着所有用户要改用其中某一品牌? 实际上不是这样。这些数据库之间的数据通过数据仓库是完全可以进行汇总整合的。上述三家公司的数据库都是市场上的主流数据库,全球总市场份额超过80%,如果为统一品牌而放弃已投资的某些数据库,显然是一种资源浪费。

同样的,有些用户对于统一平台也存在类似的认识偏差。有的用户认为,统一平台就是要统一到Unix、Linux或Windows,或者要么统一用微软的.NET开发,要么统一用J2EE开发。其实,目前IT的趋势之一就是能够跨平台应用,尤其对于体系庞大、分布地域辽阔、技术发展状况不同、应用复杂的大型用户,它完全可以根据具体情况采用多种开发平台、多种软件和硬件,并通过整合将各平台统一起来,从而更经济高效地构建信息化系统。

很多企业在信息化建设中投入大、产出少,IT资源整合失败的原因之一就是在构建信息系统时没有很好地考察业务的需求,没能同业务系统紧密地结合起来。不少企业花了很多钱,搞了很多信息系统,但最后只是收集了一大堆数据而未能形成对决策者真正有意义的指导信息。

7.企业关注:信息资源整合的效能体现

信息资源整合不是一句空洞无物的口号。对于一个信息资源整合较好的环境,是有一些可以实际衡量的标准的。

(1)形成信息化的"杠杆效应"

在一个信息资源整合较好的管理范围内,信息化项目不是可以随意添加的,而要与范围内的业务总体规划相一致;网络、数据库、应用系统也不应该随心所欲地建设,而要融合到一个一致的架构中,形成一个业务、技术和管理互相支持、互相促进的整体,并且提升——至少不能破坏——该架构的内在关联,在新的水平上形成一个更和谐的整体。这个过程就是信息资源不断有序化的过程。

在一个整合良好的信息资源环境中,信息化呈现出一种"加速"和"减速"的趋势,即在信息资源有序积累达到一定水平后,信息化项目的难度会越来越小,建设速度会越来越快,"消耗"会越来越少,而信息化投入的杠杆作用会越来越明显。

(2)没有信息的重复采集

人在被信息化"管理"或"服务"时,最不愉快的事情莫过于信息的重复采集。再好的电子政务应用,如果要频繁、重复地采集人的信息,它的"好"也要大打折扣。

信息的重复采集实际上从一个层面反映了信息化应用背后的信息资源整合程度不高。新加坡在政府信息化上的经验值得我们借鉴。新加坡在设计政府信息化应用时,是以在整个国家范围内、整个人或企业的生命周期中避免重复信息采集为重要原则的,即一项信息在所描述对象发生变更之前只进行一次采集,然后在各管理部门按需共享。这是目标导向的、真正完全的"以人为本"。

彻底的信息资源整合包含了一套信息采集、共享和管理的规则,帮助我们杜绝信息的重复采集。当然,前提是在要整合的范围内,这套规则被广泛接受和严格遵守。

(3)业务协同顺畅,没有效率瓶颈

信息资源的整合不仅仅是静态信息对象的集中存储和管理,也不仅仅是简单的应用系统之间的集成,而是包含着更广范围内的业务集成和优化。从更高层面上来考察信息化所支撑的业务,如果在业务条块间有"断层",或者效率上有明显的瓶颈,则说明信息资源整合的程度还不够,还没有把信息处理过程与它所支撑的业务进行紧密的综合。

以当前电子政务热点"应急联动系统"为例。目前很多建成或在建的应急联动系统项目,采用了一种"界面集成+人工衔接"的模式,即把相关的专业资源调度功能集中到几张指挥台上,实现统一指挥和调度。但在"联动单位"的分系统与"联动系统"之间,则还是以人工的信息传递为主,通过"人"这一智能性枢纽来实现"联动"。这种模式利用了指挥员个人的协调能力和判断能力,但另一方面又过分依赖相关人员的个人素质和效率,并没有充分利用信息技术精确、高效、无限的特点来对这种协调和判断进行有效支撑。这种模式显然不可能消除效率瓶颈,连接信息孤岛,解决应急联动中"效率"与"专业化"的矛盾。

(4)形成具有一定开放性的信息化环境,支持动态的系统整合

信息资源整合与单纯的"建大系统"的最大区别,在于后者可以是相对封闭的,而信息资源整合应该具有一定的开放性。整合信息资源是一个长期的过程。随着政务服务重点的转移和服务方式的转变,信息系统之间的联系不是一成不变的。延展咨询公司认为,良好的信息资源整合环境应该具有一定开放性:只要符合一定的技术标准,就允许根据业务的需要,动态、快速、方便地建立信息系统之间的联系,而不需要专门搭建一个新的系统。

仍以"应急联动"系统为例。为了避免一些信息共享的问题,或者因为暂时认识不到一些业务联系,一些应急联动系统倾向于自主建设网络、数据库和应用系统。殊不知,应急联动系统的一个重要特性是它的应变能力。不仅单个紧急事件会发生事件状况和信息需求的变化,一个地区的应急管理工作也会发生工作重点的转移。如果没有一个开放性的、标准化的环境支持相关系统的动态"接入",系统的生命力是不够强的。

开放的基础是"标准化",因为标准是不同系统间"对话"的"共同语言"。如果在一个业务领域范围内,相关的信息系统都遵守一定的工业标准如SOAP(一种交换数据的协议规范),以及特定的应用标准和应用服务

标准(如信息服务标准和信息交换标准),杜绝以"私下"约定的方式来设计系统间接口,那么,实现该领域内应用系统的"即插即用"将不是一件难事。

(5)完成信息共享,实现资源利益最大化

实际上,目前企业信息化建设面临的瓶颈问题并不是计算机网络搭建、设备和应用软件选型,而是如何将分散、孤立的各类信息变成网络化的有效信息资源加以充分利用,将分散的信息系统进行整合,消除信息孤岛,实现信息资源共享。

企业的各个IT资源呈离散状态,相互间壁垒森严,整体资源完全无法统一优化管理。面对"信息孤岛",企业能把已有的系统全部换掉再进行统一采购吗?显然不能,没有企业会把所有业务暂停几个月,去等待换置一个全新的系统。所以,企业只能逐步进行代谢。

资源整合的最终目的就是:完成信息共享,实现资源利益最大化。这一目标的实现与网络主管的努力有着千丝万缕的联系。对网络主管来说,整合各方面的资源是工作保证,资源整合直接关系到能否保持信息流的畅通,影响着网络主管的战略决策判断。

选择好信息系统是关键的一步。我们这里所说的信息系统不是软件、硬件的简单安装,ERP、OA、HR都是综合性信息流程,它们的实施就是为整合资源。信息系统的选择应该从信息化建设的整体来考虑,新建信息系统时,合理选型有利于资源整合,而系统的选型要基于全局的角度来统筹安排。当然,其中的系统需求分析、规划方案等,都是需要网络主管根据企业的需求和特点来制定的。网络主管应该让高层管理者、基层使用者了解系统的特点和系统规划及意义,让信息系统的使用者们接受系统的管理理念,适应新系统的运行模式,以保证系统运行通畅,有效地实现资源整合。

实现资源整合,关键要做到数据共享,特别是重要数据共享。数据不能共享会造成数据不一致和重复劳动,甚至会致使同一目标任务在不同的数据库中有不同的数据描述,最终使使用者无法对数据进行必要的比较。造成数据不能实现共享的原因是多方面的,如安全问题、技术问题等,它们都制约着实现数据共享的步伐。这些问题更多地需要网络主管们去协调解决,诸如如何解决进入系统之后,保证数据不会被修改或破坏,数据库技术是否成熟、可靠等一系列的系统安全、技术问题,这都是网络主管必须要解决的。

实际上,数据共享的重点是打破旧的管理权限壁垒,通过流程再造,使各部门之间高度合作,实现对资源的动态管理。这是网络主管能否成功进行信息系统管理的关键。如今,缺乏公认的标准,如产品标准、认证标准、行业监理标准等,是IT领域发展过程中面临的主要障碍,也是实现数据共享、资源整合的关键。网络主管们若想实现资源整合,更应重视统一标准的建立。标准的统一需要相应机制作支持,网络主管们要让上级了解制定标准的必要性和实现资源整合的重要性,从而取得最高决策者的支持。并且,网络主管们还要利用与同行之间的良好沟通,为了实现利益最大化,求同存异,达成制定统一标准的共识。因此,能否实现统一标准的制定,对网络主管们来说至关重要。

总而言之,IT资源整合是企业信息化日趋成熟的表现,是网络主管们工作进行到一定阶段必须面对的考验,而实现资源整合对成长中的网络主管来说是一场博弈。

企业发展到一定阶段时,必须要进行IT资源的整合来进一步促进企业更快地发展,这是企业成长的必经之路。企业IT资源整合,网络主管时不我待。

第七章

整合渠道，
为企业开辟生命线

    随着市场经济的深入发展，企业越来越明显地感受到销售的艰难，都知道"只有把产品销售出去才是硬道理"，渠道的作用日益凸显。生产企业积极建构和调整自己的营销渠道，流通企业则加大力度并购、扩张自己的终端零售网络，一时间风起云涌，渠道的争夺日趋白热化。谁拥有渠道，谁就将拥有未来。

1.三种战略模式构建渠道

战略是统领性的、全局性的、左右胜败的谋略、方案和对策。军事家在开战之前必须进行全局筹划,企业在开拓渠道之前,也必须先进行目标市场分销方式的战略选择。

渠道的构建有三种战略模式:密集分销、独家分销和选择分销。三种战略各具优势,各有特点。合理选用渠道分销模式,对企业降低成本、提高竞争力具有重要意义。

所谓密集分销,即厂家在一个市场尽可能通过更多的经销商、批发商和零售商等渠道成员销售其产品。在密集分销这种分销方式中,因为制造商在同一层次的中间环节中选用尽可能多的中间商分销自己的产品,使产品在市场上的销售有铺天盖地之势,从而达到最大限度地覆盖目标市场的目的,达到尽快实现销量最大化和市场份额最大化的目标。日用消费品和大部分食品、工业品中的标准化产品及通用化商品、需要经常补充和替换或用于维修的商品以及替代性强的商品,很多都采用这种渠道战略。

密集分销能够使厂家在短时间内达到目标市场分销最大化的效果,但对厂家的渠道管理能力是个巨大的挑战,有可能因为分销商之间的恶性竞争和价格战而崩溃。所以,采用密集分销必然要求设计完善随后的市场治理方案。

独家分销,是指在一个目标市场只通过一家中间商销售其产品。因为制造商在同一层次的中间环节中只选用唯一一家中间商来进行商品的分销,所以市场开拓的进展速度不会很快。从渠道的规模即覆盖面看,也还有不少潜在市场没有进入。独家分销最大的好处是市场秩序井井有条,没有激烈的竞争和冲突。

　　一个分销商的能力毕竟是有限的,在市场操作能力上往往既有强项又有弱项,不可能满足厂家对渠道开拓管理的全方位需求。因此,选择独家分销要冒很大的管理风险和市场风险。独家分销是一种最为极端的专营型营销渠道,主要适用于一些技术性强、价值高的商品,大众消费品不太适合采用独家分销战略。

　　选择分销,是指厂家在一个目标市场通过精心挑选的一家或几家特约经销机构进行渠道组合以销售其产品,以形成合理分工及高效合作型的销售渠道。这类渠道战略多为产品线较多的消费品企业、消费品中的选购品和特殊品、工业品中的零配件销售等采用,是一种宽渠道结构形式。通过选择营销渠道成员并进行渠道成员组合销售,厂家对市场渠道的控制力可以得到加强。

　　采用选择分销战略优势很多。首先,可以选择不同类型、具有不同资源优势的中间商,充分发挥分销商的功能。其次,通过选择组合,可以实现市场覆盖面的最大化、销量的最大化。再次,有选择和渠道组合就有竞争,有利于渠道控制。最后,通过选择和渠道组合,顾客接触率比较高,有利于提高销售效率。

　　2006年7月23日,投入高达7400万元的《印象·丽江》在丽江玉龙雪山景区公演。由于"印象"系列长期占据演出市场,让观众多少有点"审美疲劳",景区管理层决定采取"有选择的分销"方式,瞄准港澳台地区的高端客源,首先突破台湾市场,树立《印象·丽江》大型实景演出"的高端品牌形象,吸引国内旅行社跟进。与此同时,景区将销售平台前移至昆明,以授予代理权的方式跟当地一些大型地接社建立战略合作关系。这样,既体现了景区对龙头旅行社行业地位的充分认可,又确保了团队客源的大幅增长,还消除了中小旅行社低价竞争的市场空间。通过一系列渠道开拓,《印象·丽江》全年演出927场,门票收入超过1.5亿元。

采用选择性分销方式,分销商的选择和组合是关键。经销商的选择主要考虑其经营特点、渠道网络及范围、销售规模、销售能力、管理能力、资金实力、诚信状况、价格遵守度、协作水平、物流能力和信息处理能力等方面。选择范围不只限于批发商、经销商和代理商,还包括特定的零售商及中介机构等。

2.渠道设计的目标和原则

所谓"运筹帷幄之中,决胜千里之外",好的军事家通过对战争的推演、考量,可以设计出最佳的战法,发挥出自身的优势,并让敌人的优势无法发挥,被己方牵着鼻子走,最后在自己选定的时间、战场被一举击败。渠道设计也是这个道理,在投入人力、财力开拓渠道之前,如果能够设计出完善的渠道模式,就能不费吹灰之力地打赢渠道之战。

渠道设计是指企业为实现销售目标,根据自身产品的特点,结合企业内部及外部环境条件,对各种备选渠道的结构模式进行评估和选择,从而开发新型的营销渠道模式或改进现有营销渠道的过程,是企业对于自己产品未来营销渠道的长度、宽度和分销模式的提前规划。在企业的渠道建设和渠道管理过程中,渠道设计是战略性的必需环节,也是基础环节,它属于渠道战略管理的内容,决定着企业营销渠道未来的发展方向。

产品一旦进入市场,企业就需要根据自身的产品价格、促销等营销组合要素设计其营销渠道,以实现销售目标。企业也可以通过营销渠道的设计获得市场竞争优势。渠道设计,包括在公司创立之时设计全新的渠道模式以及改变或再设计已存在的渠道模式。后者也称为营销渠道再造,是渠道管理者经常要做的事情。

宜家是创立于1943年的一家瑞典家居用品企业,创始人坎普拉德创立之初主要经营文具邮购、杂货等业务,后转向以家具为主业,在不断扩张的过程中,产品范围扩展到涵盖各种家居用品。经过60多年稳健而迅速的发展,宜家已经成为全球最大的家居用品零售商。这种辉煌的成绩与其独特的"体验式"渠道策略是分不开的。

宜家的渠道策略是独立在世界各地开设卖场,专卖宜家自行设计生产的产品,直接面向消费者,控制产品的终端销售渠道。目前,宜家在全世界41个国家和地区拥有超过300家大型门市。宜家的成功在于它整合了商流、物流。宜家在全球拥有46个贸易公司,贸易公司负责监督产品生产,以试验新方案、商谈价格、检查质量,贸易公司同时还负责监督宜家供应商在社会环境、工作条件和环保等方面的工作。

宜家的所有家具都需要顾客自行组装。它为所有家具都配备了十分具体的安装说明书,顾客可以根据说明书轻松地把家具组装起来,在节省搬运费的同时,也增加了动手的乐趣。另外,平板包装对于宜家来说节省了成本,对于顾客来说则方便了购买、运输和搬家时的搬运。

渠道设计主要是制造商的职责,但作为渠道成员的批发商和零售商,其实也面临着渠道设计的问题。对零售商来说,渠道设计是从制造商与批发商入手的。为了获得可靠的产品供应,零售商要从渠道的末端向渠道的上游来设计渠道;而批发商处于渠道的中间位置,其渠道设计的决策需要从两个方面入手,既要考虑上游制造商的供应,也需要了解下游零售商的需求情况。渠道设计应该具有战略性和前瞻性,它引导着企业分销工作未来的方向。

设计营销渠道主要是解决如何发掘企业商品到达目标市场的最佳途径以提高分销效率的问题。所谓"最佳",是指以最低的成本与费用,通过适当的渠道,把商品适时地送到企业既定的目标市场上去。"条条大路通罗马",渠道设计就是要寻找其中"最短"的那一条。

从生产商的角度来看,营销渠道设计的目标就是更有效地实现分销目标。具体来讲,在设计营销渠道时,必须要了解所选定的消费者需要购买什么产品、为何买、在什么地点什么时间购买,以及如何买,同时还要弄清客户在购买产品时所期望的服务类型和水平,才能设计出更加有效的渠道组合。

综上所述,营销渠道设计的根本目标就是确保设计的渠道结构能适合企业市场定位的目标,能够充分发挥企业的资源优势,能够实现渠道销量的最大化和市场占有率的最大化,并确保制造商对渠道的适度控制和具有一定的渠道调整和完善的灵活性,以便于渠道的持续发展。

生产商的任务不能仅限于设计一个良好的渠道系统,并推动其运转。渠道系统还要定期进行调整与改进,以适应市场新的动态。无论一家公司在其营销策略上有多大的变动,都应重新评价其渠道结构。尽管现存的渠道结构可能会适用于现行政策,但对未来的政策可能就不那么适合了。

在进行分销渠道设计的时候,必须要考虑三个指标:市场覆盖率、分销渠道的强度等级和销售速度。

分销渠道中的中间环节越多,最终的市场覆盖率就越高。企业在设计分销渠道的时候,必须考虑市场覆盖率,考虑企业的分销渠道是否能最大限度地接触目标客户。

而按照分销渠道的强度等级区分,存在三种经销策略。

第一种是广泛而密集的经销策略,它要求使用尽可能多的中间商,以使更多的终端客户接触到你的产品,从而使覆盖率达到最大。当竞争者也采取同样的方法,或者顾客要求能方便地购买到产品的时候,这是一种好方法。

第二种是有选择的经销策略,就是确定产品的销售区域和销售对象,比如在用户多的地区设立销售总部。

第三种是独家经营的经销策略,可以选择最好的中间商。如果没有激烈的竞争者,而又想收回全部利润,使用这种策略非常合适。这种方法不能增加市场覆盖率或在很大程度上提高占有率,但能在最大程度上增加利润。企业在推出新产品时,可以使用独家经营的经销策略。

开始时,不妨先找一些对新产品感兴趣的渠道中间商,然后当产品开始打入主流形成一定的市场竞争时,再采取有选择的经销策略。最后当市场成熟,企业的销售重点将由寻找客户转向与同行业竞争时,就可以实行广泛而密集的经销策略了。

分销渠道越长,产品从企业到终端客户手中的速度就会越慢。如果客户需要快捷的服务或产品,企业就要简化分销渠道,使之能够满足客户的需求。

综合这三个指标,可以提出营销渠道设计的五个原则。

(1)顾客导向原则

现代营销追求"顾客导向",企业必须将顾客的需求放在第一位,以顾客导向的经营思想设计渠道,使顾客方便购买。这就需要周密细致的市场调查研究,不仅要提供符合消费者需求的产品,同时还必须使营销渠道的建设充分为目标消费者的购买提供方便,满足消费者在购买时间、地点以及售后服务上的需求。

(2)最大效率原则

渠道的效率主要是指该渠道在产品销量和市场份额上的有效性,它是分销效果的最主要指标。有效的设计应该是能够实现渠道充满,实现销量和市场覆盖率最大化的。选择合适的渠道模式,目的在于提高流通的效率,不断降低流通过程中的费用,使分销网络的各个阶段、环节、流程的费用合理化、销量最大化。

(3)覆盖适度原则

根据经济学"规模经济"的原理,企业在设计、选择营销渠道时,仅仅考虑流量最大化、降低费用是不够的,还应考虑其具体情况和管理能力,不能盲目贪大求全。因此,在营销渠道建设中,应避免扩张过度、分布范围过宽过广的情况,以免造成沟通和服务困难,导致无法控制和管理目标市场。

(4)稳定可控原则

企业在设计、建设营销渠道时,还有可控性的要求。因为企业的营销渠道模式一经确定,便需花费相当大的人力、物力、财力去建立和巩固,整个过程往往是复杂而漫长的。所以,企业一般不会轻易更换渠道模式及成员。覆盖适度、畅通有序和控制性是营销渠道稳固发展的基础,只有保持渠道的相对稳定和可控,才能进一步提高渠道的效益。

(5)协调平衡原则

企业在选择、管理营销渠道时,应该注意各个营销渠道层次和类型渠道成员之间的协调平衡,不能只追求自身的利益最大化,而忽视其他渠道成员的局部利益,应合理分配各个成员间的利益。这种协调平衡主要体现在价格体系的制定和渠道促销资源的分配方面,应该兼顾各个渠道成员的利益,实现他们之间的优势互补。比如经销商、大零售商和批发商之间就存在各自优势特点不同、承担功能不同的问题,需要厂家进行协调和平衡,不能厚此薄彼。

企业在设计、选择营销渠道时,要注意发挥自己的特长,确保企业在市场竞争中的优势地位。现代营销的竞争是综合性的整体竞争,企业依据自己的优势,选择合适的渠道模式,能够达到最佳的经济效应和良好的客户反应。同时,企业也要注意通过发挥自身优势来保证渠道成员的合作,贯彻企业的渠道战略方针与政策。

3.影响渠道设计的两大因素

渠道设计不是简单的决策,而是一个科学的、系统的战略规划和战术设计。有勇无谋的莽夫经常被手无缚鸡之力的儒将击败,就是因为前者不懂得如何科学地规划战略、设计战术。

(1)影响渠道设计的主观因素

分销渠道的设计受到众多的市场因素和非市场因素的影响。

产品因素是分销渠道设计的要点。产品的用途、定位等对营销渠道结构的选择都是很重要的。

体积和重量应从成本控制的角度考虑,产品越大,就越应该采取短渠道策略,比如家电、家具的分销渠道就十分短。从单位价值来看,单位价值越小,越需要密集布点,需要更多的渠道中间商来经营;单位价值越大,要求的分销渠道路径就会越短,避免过多的渠道中间商盘剥利润,可以采用专卖等形式来建立分销渠道。

社会化程度高的产品,人们的购买频率相对较高,应该密集布点,方便顾客购买;而社会化程度不高的产品,可以选择在重点城市寻找渠道中间商。一般专用产品,其服务要求和技术含量都比较高,应该采取定制的策略,实行一对一服务;通用产品,借助渠道中间商的力量来推广,效果更好。易腐(如蔬菜、海鲜)及保质期很短(如奶制品、熟食品)的产品宜采用较短的渠道，这样可减少中转过程而不至于使产品变质或失效；具有季节性的产品应采取较长的营销渠道，充分发挥批发商的作用。

产品寿命周期的不同阶段，对营销渠道的选择是不同的。如在衰退期的产品，就要压缩营销渠道；具有高度技术性或需要经常服务与保养的产品，营销渠道要短；对非标准化的产品，则最好由企业销售代表直接销售，便于安装与指导使用，而在这方面，中间商往往缺乏必要的知识；需要安装调试的产品或者要维持长期售后服务的产品，一般应由公司直销或独家经销商来销售。

企业在设计营销渠道时，也要考虑企业自身的条件因素，有多少能力就办多少事情。企业经营不是儿戏，要实事求是，不能好高骛远。没有什么绝对好的或坏的渠道模式，只有适合自己的才是最好的。所以，企业需要考虑自身情况进行选择。

人才与管理水平是企业管理的关键要素，不同渠道模式对人才及其管理水平的要求不同。比如，建立分公司和建设专卖店就相对复杂一些，对管理人才及公司管理水平的要求要高一些。相对来讲，找经销商进行分销就会简单一些，这样，很多市场问题就留给了经销商处理。

具有很多条产品线的大型企业，在营销渠道设计时可以有多种选择，可以直营，可以分销，可以连锁经营，也可以根据不同产品线的特点组合不同渠道模式。这类企业往往市场占有率高、销量大，能够分担分销成本，所以往往可以直接向大型零售商供货。而产品种类少、规模小的企业则不得不依靠批发商和零售商来销售其产品。此外，若产品组合的关联度(指各产品线在最终用途、生产条件、分销渠道和其他方面相互关联的程度)高，往往可以利用同一营销渠道；若产品组合关联度低，则常常需要对不同产品线设计不同的营销渠道。

通过考察渠道长短与渠道控制性特点可以发现，短而窄的渠道特点比较容易控制，如直销、连锁经营；而长而宽的渠道特点是难以控制，如经销、代理、批发等。企业可以根据自身对渠道控制愿望的强弱偏好选择和设计不同的营销渠道模式。

总之,制造商的产品信誉、资金状况、经营管理能力等,决定了它能在多大程度上控制营销渠道及选择什么样的渠道设计结构。大制造商信誉好、实力强,可以建立自己的销售力量,随心所欲地选择渠道成员;而小制造商力量小、财力弱,或缺乏管理销售业务的经验或能力,只能借助中间商销售产品,并施加有限影响。

(2)影响渠道设计的客观因素

消费者或市场的特点是渠道结构设计中最为关键的因素。

消费者数量的多少构成市场容量的大小,不论是消费品市场,还是工业品市场,消费者数量的多少是企业决定是否采用中间商的一个重要因素。消费者数量多,对于有限的企业分销能力来说,要满足消费者的需求存在相当大的困难,因此,企业可以考虑使用中间商进行分销;相反,当消费者数量比较少时,则可考虑采用直接渠道销售。

消费者在特定地理空间上的分布密度,即人口的地区密度也是设计渠道时必须考虑的因素。消费者市场比较集中时,适宜开展直营,建立分公司进行销售,可以进行连锁经营或直销;反之,若消费者市场分散,则需要采用中间商进行分销。

消费者购买行为体现在很多方面,比如购买批量、购买频率、购买的季节性和购买的个人程度等。购买批量方面,购买量越大,单位分销成本越低,因此可以考虑短渠道直销;相反,消费者购买批量越小,越需要利用长渠道分销。购买频率方面,购买频率高的产品,需要通过中间商来分销。购买的季节性方面,季节性强的产品,制造商很难在短时间内达到较高的铺货率,在淡季会造成渠道闲置浪费,因此,应使用较长的渠道来分销。购买的个人程度方面,介入程度高时,可选用短而窄的渠道;反之,则选择长而宽的渠道。

在考虑市场基础时，渠道结构设计者应着重考虑现有分销商的现状、特点及要求，在能够兼顾和发挥现有分销商资源优势的前提下，选择设计合理的营销渠道结构模式。

首先需要提出两个问题：一是在现有分销商中是否存在可以经营本企业产品的分销商？二是如果存在，他们是否可以有效地经营本企业产品？在现有分销商不能有效地销售公司产品的情况下，企业不得不重新建立自己的销售渠道，这时就要考虑所选渠道模式能否找到合适的分销商。

利用分销商的成本情况如何是评价渠道的重要方面。如果采用某类分销商而使得企业承担过高的费用，在设计渠道时就可以考虑不采用这类分销商。但是，要注意不能把成本因素看得过重而忽视了渠道目标。过分看重成本是渠道结构设计的一个误区，它可能会导致企业倾向于利用成本最低的分销商而舍弃一些高端渠道，使得产品不能有效覆盖市场和提供必要的服务，进而造成顾客的不满意和销售不力。渠道结构设计要考虑渠道效益与渠道成本之间的平衡。

在选择分销商类型，甚至设计渠道长度时，将涉及分销商可以为顾客提供的服务问题。考察分销商的服务情况，就是比较分销商所提供的服务与顾客对分销商的服务要求之间的关系。企业在进行渠道结构设计时，要考虑分销商的服务水平和顾客的服务期望之间的平衡问题，能够提供顾客服务、让顾客满意的分销商才是好分销商。

行业不同，企业间营销渠道的竞争方式也不同。竞争者的营销渠道对企业的营销渠道设计有重要影响，企业应对竞争对手的销售地点、渠道类型、产品和服务特点、市场规模、消费者特点与规模等进行分析，还要对竞争对手的分销策略如销售密度、销售性质、渠道成员及渠道结构进行分析，从而有助于设计自身的营销渠道。

一般来说，企业可以采用积极竞争或标新立异两种竞争策略，选择与竞争对手相同的营销渠道或回避竞争对手，采用不同的营销渠道。消费品生产厂家如果觉得自己的产品在品牌、价格、质量上有竞争实力,就可以将其产品和竞争对手产品在零售店摆放在一起销售。如果竞争对手在其传统的营销渠道中占据绝对优势,企业的实力无法与竞争对手竞争传统的营销渠道,那就可以采取完全不同的营销渠道策略。比如日本石英电子表在进军美国市场时,避开了瑞士名表占据绝对优势的传统钟表销售渠道——钟表店,而根据产品价廉物美、样式新颖的特点,建立了由零售商、超级市场所构成的销售渠道,结果迅速获得了成功。美国雅芳公司也避开了传统的营销渠道,训练漂亮的年轻女性,挨家挨户上门推销化妆品,建立直销形式的营销渠道,也获得了成功。

企业不经常调查研究营销渠道,渠道设计就会出现偏差。由于不定期调查研究营销渠道,企业做出决策就会缺少充分的信息,无法确切掌握现行的营销渠道的特性,一旦外部环境或企业的战略方向改变,企业将很难快速做出反应,修正其营销渠道。

4.六大失误搞砸渠道管理

渠道是连接企业和客户的通道,企业的产品和服务,最终都得通过渠道提供给客户。

如果没有通畅的渠道,产品和服务再优质,不能抵达客户手中,为客户消费,那都是毫无意义的。

马克思也说过,由商品资本到货币资本的转换,就是惊险的一跃。这一跃不成功,摔死的不是商品,而是商品所有者。

而这惊险的一跃,并不是在空中进行的,必须借助一定的渠道。在其他条件相同的情况下,甚至处于劣势,只要有畅通的渠道,就可以保证企业成功地完成这惊险的一跃。否则,企业和企业的投资人就会在这惊险的一跃中受创摔伤,甚至坠入万丈深渊。

所以,任何一个企业想在市场竞争中获得有利地位,就必须强化渠道建设,打造出企业的渠道竞争力。

企业渠道管理有以下六大失误:

(1)孤立封闭

不同渠道途径,无论是在总体市场还是在区域市场,没有统一的计划和战略进行协调整合。不同渠道途径之间没有配合,没有区隔,各自一套思路,各行其是,甚至连渠道途径间的相互通气的工作也没有人做。

也就是说,专卖店是专卖店,代理商是代理商,商场是商场,不同渠道之间不仅不能相互配合,甚至相互竞争,分别向客户这个"深闺公主"邀宠,使之更加娇惯,提出越来越多的要求,迫使企业流血也得迁就满足。

一个品牌分隔在这种封闭的渠道中,其品牌价值难免贬值,失去应有的优势地位。

(2)目标单一

渠道没有充分发挥沟通作用,仅仅是为了销售而销售,仅仅起了一个产品分配、传送的作用,把产品传递给客户。没有人主动收集整理客户的需求信息、传递客户的需求偏好变化信息,企业与客户之间只有产品的传递,没有信息的沟通。

现代渠道的作用不是单向地进行产品输送,而是双向的沟通。这就是在把产品和服务传递给客户的同时,也传递客户的信息。只有这样,才能消除企业与客户之间的距离,使企业市场开拓活动有的放矢。

(3)代理一统

在企业的现实经营过程中,很多企业实行总代理方式,单一地依靠外部独立的渠道商与客户进行沟通,使企业与客户处于隔绝状态。

任何代理商都具有自己独立的利益,代理商与生产商之间不可避免地会形成一种利益竞争,使生产商应该得到的利益也被代理商挤压拿走。而且,代理商一统天下的垄断地位,有时甚至会把生产商置于依附的境地,使其不得不向代理商一再做出不得已的让步,使自身的发展后劲丧失殆尽。

(4)等级控制

建立自身相对自主的渠道体系,相对于企业的持续稳定发展是必不可少的。但这种渠道体系实行简单的等级控制,层次过多,又会直接导致渠道成本的增加、投入的失控。

等级控制,相对于任何一个层次的被控制方而言,都是对积极性的压制,难免会降低渠道体系的运行效率。这正是现实中不少企业不得不采取总代理经销方式的一个重要原因。

但是,构建企业的自主渠道体系,并非一定要构成这种多层次的等级控制。

(5)层次过多

渠道体系结构高尖、层次过多,是企业自主渠道体系的一个共有特征。

这种层次越多,信息的传递发生失真的几率就越大,对价值物的传递越容易发生责任事故,造成损失。

渠道层次与渠道效益是成反比的,渠道层次越多,效率越低。如果在信息、物流技术落后的情况下是没有选择的选择,那么,在当今仍选择结构高尖、层次过多的渠道体系,则纯属自己的失误。

(6)投入随意

企业渠道效益最大点,也是在各个渠道的边际收益为零时。

可有些企业在渠道建设上投入随心所欲,凭直觉行事,没有人做优化分析,因而导致一些渠道途径投入过度,回报降低;另一些渠道途径却投入不足,甚至完全没有投入,导致许多潜在市场也流失掉了。

5.以渠道模式为核心,整合构建完备的营销体系

"经销制+深度分销"模式,重中之重的关键便是体系进行中第一步的规划与设计。笔者认为,能够实现深度分销的区域市场,一般都是企业的战略、强势和重点市场。实施深度分销意味着企业将投入大量的人力、物力与财力去耕耘这块市场, 企业在选取深度分销首度实施的市场时,有必要选择那些自身拥有强势实力的市场为主。因此,如果企业暂无法顾及非战略市场或边缘性的市场,可无须导入此体系。

另外,深度分销体系的设计原则应坚持以标准化和可复制的原则为方向,并依据不同区域的状况略微调整以适用于区域特点。在此所阐述的标准化的含义便是一个业代或是高代犹如棋盘中的一枚棋子,能够用使其在每一个流程、程序与语言都可以标准化的工具来衡量其行为,并可以实施监督与管理,使整个销售团队的行为在可控的范围之内。

与企业管理一样,营销管理体系的建设也走过了三个阶段。

第一个阶段:"老板+能人"阶段。在企业发展初期,老板实行自治,里外一个人说了算。这个时候,企业需要的营销人才是全能型的人才,就像老板本身那样,十八般武艺样样精通。

第二个阶段:"老板+能人+制度"阶段。随着市场规模的扩大和销售区域的增多, 仅仅依靠全能型的老板和几个能人已经不能解决问题,企业需要建立制度。建立制度的本质,就是要实现技能的专业化。所谓"技能的专业化", 就是说人需要以制度为本。制度就是要把能人搞"笨","笨"字拆开来就是"竹"与"本","竹"是制度、文件和标准化营销方法集,而且这种方法集是可普及、可复制的。

企业在建立营销体系制度时,首先要让人专业化、职业化,公司越

大,每个人干的事就应该越少,要让每个人成为一颗"螺丝钉",在企业营销的大盘上只干自己专业的事情,一个萝卜一个坑,他们只能按照制度走,而不能按照自己的经验走。其次,"螺丝钉"与"螺丝钉"之间,要依靠标准化的流程和管理人员的管理进行衔接,最终组合成一架高效运转的机器。

在这种管理体系框架之下,个体素质高、全能型的人不一定能让整个组织高效运转;反之,并不是个体素质低的人就干不了大事,"三个臭皮匠"组合好了,也能成为"诸葛亮"。这就是让平凡人干出不平凡业绩的道理。

第三个阶段:"老板+能人+制度+文化"阶段。企业文化的介入,让企业的营销体系对内更具有凝聚力,对外更具有张力。

我们所说的"经销制+深度分销"体系建设,更多的是处于管理的第二个阶段——"老板+能人+制度"的阶段,即通过制度,把人搞"笨",让每一个人都能按制度"做一天和尚撞一天钟",只做好自己专业的分内事。

具体而言,一个完善的营销体系,除了营销战略定位、随模式而定的产品线科学组合、价格体系、销售政策之外,围绕渠道模式而设定的组织平台、任务职责、制度流程、营销团队绩效考核等,都是建立营销体系的基本内容。也就是说,营销管理体系涉及组织(谁来做?)、任务职责(做什么?)、制度(怎么做?)和考核(做怎样?)这四大部分。

(1)"经销制+深度分销"之谁来做?——建立组织平台

一个好的渠道模式,需要好的内部环境和管理保障。组织体系是企业确保营销模式有效运作而必须首先予以保障的条件。一个完善的营销组织体系,应该根据企业关键营销环节,准确定位企业核心营销职能,以此去构建整个营销部门和职位体系。构成组织体系的主要因素包括职能定位、组织结构、部门设置、岗位设置、人员配备、岗位职责以及互动关系等。

深度分销的执行无法完全依靠经销商或分销商去完成,而更多的要以企业自设的办事处或分公司将此体系执行下去。能够做到深度分销体系的企业一般均在区域市场设立分公司或办事处或工作站,以协助经销商或分销商完成深度分销的工作。

对于组织平台的建立,公司是主体,部门是中坚,岗位是结点。

(2)"经销制+深度分销"之做什么?——确定任务职责

企业营销组织体系的构建,并不仅仅是设什么部门和岗位的问题,在设部门和岗位之前,企业首先需要考虑将组织的构建与战略构想和营销运作模式联结起来,根据战略定位和营销关键环节来设定准确的企业核心职能,并在这个核心职能的指引下构建整个部门和职位体系。

比如说,要构建"分销联合体"模式,其营销关键环节在于企业如何将管理和服务输出给经销商,经销商又如何将管理和服务输出给分销商。因为要实现两重管理和服务的输出,企业的营销组织就必须要实现下沉,建立区域分公司或办事处就有了必要。除了组织下沉,企业还要让自己的业务人员具备培训和指导经销商的能力,让经销商在管理和经营方面得到提升,具备为分销商服务的体系性知识。由此出发,我们就知道了区域办事处或分公司的经理与业务人员,他们的核心职责在哪里,他们需要公司事先在制度和能力方面进行哪些标准化的建设和准备,等等。

对于任务和职责,职能是任务,事情是对象,例行是重点,职责明晰是关键。

(3)"经销制+深度分销"之怎么做?——建立制度流程

深度分销体系最为关键的执行岗位便是业代与高代的一线销售人员,他们依据指令与政策去延伸并执行他们所管理的定点事务。但如何保证这些一线销售人员确实做了什么、在哪里做的及如何做的,由此后续产生的监督与督导体系、全过程追溯体系是企业总部对于分区的一套检查并验证的工具与方法。

如何让一群人按照同样的规范和标准做事,并且最终达到相似的结果,是企业必须解决的问题。

因此,用一句话来概括深度分销体系的开展关键就是:在几大系统的支持下,坚定不移的执行力是保证整个系统正常运行的关键。

企业应该根据渠道模式和关键业务的要求,制定出系统的关键营销管理制度,通过严格的规范来明确业务运作过程中的工作标准,并对工作结果进行有效评估,从而保障营销模式和关键业务的正确执行。

营销管理制度实质上是对营销业务流程的具体描述,每个部门和岗位都必须遵循业务流程的统一规范,每个人都必须了解自己在每一个流程环节的工作内容是什么、什么时候完成、按照什么标准完成、产生什么结果、向谁汇报结果、对工作结果的评估标准、自己工作业绩如何考核等。

总之,对于营销管理制度,制度是内涵,文件是载体,表单是工具,方法是本质,标准是要求。

(4)"经销制+深度分销"之做怎样?——建立绩效考核制度

确保深度分销体系准确完成的最为基础的保证体系便是上至分公司办事处的总经理或经理,下至业代、高代、销售经理、区域经理、大区经理和工作站(营业所)主任的绩效考核体系。这是保证深度分销执行到位的基本约束条件。换句话说,在执行深度分销体系的啤酒企业或快速消费品企业,如果没有一套完整的、可执行到位并易于操作的绩效考核体系,即使深度分销体系设计得再完美,那也是悬在空中的一个楼阁,会被各个区域的销售人员和区域经理抛弃在一边。

企业的营销绩效考核体系包含基本薪酬体系和业绩考核体系两个部分。

基本薪酬,既不能太高,太高会养懒人;也不能太低,低了会吸引不到人才。基本薪酬可以根据每个岗位的价值和行业平均薪酬两个指标来进行设定。

业绩考核体系主要是要强化对营销业务过程中KPI(关键绩效指标)的考核,企业要根据渠道模式和关键营销环节的需要来制定营销团队所要完成的战略目标,并由此来设定核心的考核指标。在制定KPI考核时,既要注重业绩的财务最终数据,又要注重过程的控制。越高层的职位,越注重财务数据考核;越低层的职位,越注重过程考核。

对于绩效考核,目标是灵魂,绩效是核心。

综上所述,所谓营销管理体系,就是围绕营销战略的使命,什么组织用什么方法去做什么样的事情,并如何进行监督考核。

6.逆向重组——让渠道"倒着做"

新企业、新产品进入市场之初,由于其知名度和信用较低,与渠道中间商谈判时地位也很低,如果按传统的渠道战术,从高级别的经销商做起,可能不得不接受经销商诸如赊销、大规模的宣传促销、降价、退货等苛刻的"市场准入条件",答应这些条件无异于饮鸩止渴,不答应又难以进入市场。很多新企业、新产品经营失败就在于此,怎么办?答案很简单:倒着做渠道。

倒着做渠道,即渠道的"逆向重构",是指制造商不直接寻找分销机构进行分销,而是自己首先切入终端市场,直接操控零售终端及消费者,通过做好销售终端,扩大产品及品牌影响,以吸引中间分销机构主动加入产品分销行列的一种经营模式或渠道建设方式。也就是说,先向零售商和最终消费者推销,当产品达到一定销量时,二级批发商便会闻风而动,要求经销该产品;当二级批发商的销量达到一定规模时,一级批发商也会争相要求经销该产品,然后在一级经销商之间进行招标,条件优惠者获得经销权。有些企业依靠"倒着做渠道"这一营销策略,无往而不胜,因此,这一套手段常被企业视为秘而不宣的经营法宝。

某品牌啤酒进入某省会城市之初,选择了传统的渠道模式,由于品牌不占优势,加之地方品牌的抵制,市场情况不甚乐观,销量很不理想。企业开始认识到依靠传统渠道模式很难取得成功,因为传统渠道模式对新企业及新产品的推广是个效率低、代价大的途径,所以,该品牌啤酒采取了渠道逆向重构策略。

啤酒的消费旺季一般为6至8月,所以企业在4月初开始对零售终端大规模铺货,通过各种措施充分调动了零售终端的积极性和消费热情,从而提高了品牌形象,第一年销售旺季的月出货量为1500吨左右。

第二年,企业开始寻找向零售商直接供货的经销商,对零售商终端覆盖率迅速提高,月出货量达3500吨。

第三年,在对零售终端普遍覆盖的基础上,对超级市场、小型卖场、火车站和汽车站等特殊渠道和有大的终端展示和宣传价值的地方进行供货,加大流通渠道的促进。在各个政策的实施下,该品牌啤酒销量不断提高,引起了经销商的兴趣。企业抓住时机建立主渠道,签订了总经销商,遵循"中心造势,周边取量"原则,推动产品向全省辐射,月出货量达6000吨,年总销售量突破3万吨。

有些覆盖面广、消费频率高的产品必须依靠大批发商的经销网络,倒着做渠道的目的就是要引起级别较高经销商的注意,取得与经销商的谈判地位,获得较低的"市场准入"条件,增强经销商对新产品的信心。促销活动唤起消费者的消费欲望,以拉动市场,力求让消费者在零售终端表现出消费需求,传递给零售商相关需求信息;零售商则根据需求信息去寻求相关产品,然后从批发市场进货,从而使产品在渠道中流动起来,这被称为市场推广"拉"的策略。有人相信好的、大量的广告就是渠道循环的原动力,会最终带动渠道各环节运动起来,但这要求制造商要有比较雄厚的资金实力。一些资金实力小的企业完全可以采取动态循环的渠道来推广产品。

逆向重构策略的弹性控制原则,要求渠道体系可随竞争情况压缩渠道环节以提高竞争力。渠道长,产品流通环节多,一旦某个环节出现问题,渠道调整见效慢,不利于市场竞争;渠道短,产品流通环节少,一旦某个环节出现问题,渠道调整见效快,市场竞争力较强。渠道究竟是长好还是短好,要随市场竞争情况适度、适时调整。为了保持竞争优势,必须对渠道体系有弹性的控制,并不是选择了一级经销商或总经销商就等于渠道的逆向重构做完了,企业还需要协助大经销商做好向下一级经销商的分销产品工作,保持对各层面一定数量经销商的控制,特别是控制好基础层面——能控制零售终端的批发配送商层面,要和这一层面的经销商保持长期的客户关系,它是整个渠道结构的基础。

在竞争趋于激烈的时候,企业要对多环节的渠道进行压缩,减少流通层次,缩短渠道长度,使其变为短而粗的渠道结构。同时,企业必须回到加固基础层面的工作上来,制定鼓励这个渠道层面的政策,通过对批发配送商层面控制的加强,加强对零售终端的控制,以掌握市场竞争的关键点。

渠道的逆向重构策略要求在中心城市实施较为密集的渠道策略,以使产品获得较高的市场占有率和较好的品牌认同感。中心城市的消费潮流会带动周边城市的消费潮流。每个企业在其市场拓展计划中都把中心城市作为必争之地,一旦在中心城市取得成功,就可能占领这个区域的其他市场,这叫"中心造势,周边取量"。

7.加强渠道成员的合作

合作意愿是企业识别经销商时必须考虑的一个重要因素。企业对经销商的基本要求之一就是谋求长期共赢、精诚合作。这就要求企业在识别经销商时,要注意经销商是不是从内心接受企业的经营理念,签署长期合作协议,并将这些意向列入双方的合作大纲中,并要求经销商能够身体力行,亲自实践这些供应合作协议,不能阳奉阴违。

在渠道中间商的拓展中,为什么有些企业能够很快地与渠道中间商达成合作?原因就在于企业掌握了该渠道中间商的心理特点和利益需求,如同医生诊病一样,通过简单的沟通或寒暄,对对方的言谈举止进行一番"望闻问切",基本摸清渠道中间商的特性后,就能"对症下药",投其所好。所以,要想让渠道中间商青睐自己,就必须要在与渠道中间商接触和沟通中多分析、多留意、多发现,时刻揣摩渠道中间商的心理,察言观色,迅速判断出渠道中间商的意图,才能有的放矢。

有些渠道中间商由于多年代理或销售经验,加上善于关注行业信息动态变化,有自己的看法与观点,且具有创新发展的意识。这是吸引诸多企业竞相合作的因素之一,因为在该类渠道中间商的管理和拓展下,企业产品能快速实现分销和终端推广,迎合企业建市场、做网络的市场拓展战略的本意。该类渠道中间商是否选择同企业合作,基本上在企业业务人员初次登门拜访后就已进行了全面的得失、利弊分析,在业务人员二次回访时心中已有定论,对是否合作都能快速做出回应。若选择合作,该类渠道中间商会老练地开出一系列政策要求,举手投足之间,彰显出专业化运作风范。

所以,对于这类客户,坦诚相待、诚信合作显得特别重要。在与该类渠道中间商洽谈时，需要派设精干的专业高级业务人员与之进行沟通，方能对等交流，并易于产生思想上的认同。

吹毛求疵的客户的最大特点是，初次见到企业派往的业务人员，动辄以实力及运作过的知名企业品牌自居，对行业把脉似乎也是样样精通，沟通起来无所不晓。其实，该类渠道中间商属于过于精明而又追求短期利益的客户，这类客户也是最为难缠的客户。表面上，他们告诉你可以随时合作，但真正合作起来，往往能把企业派去的人员累得死去活来，更有甚者，在合作期间还不允许有一点损失，并希望从企业身上得到更多的回报与支持。合作一段时间下来，该类渠道中间商货要的不是最多，款打得不是最爽快，但政策优惠却要求跟企业的重点渠道中间商一样。

在同该类渠道中间商沟通洽谈时，需要企业派遣同样善于斡旋、富于游说的人员担当此重任。长远来看，该类渠道中间商不是企业理想的合作对象，因此，至少在企业成功进入市场并站稳脚跟，需要完善渠道中间商网络时，企业要培育出储备性渠道中间商，以便随时替代。

心直口快的渠道中间商说话办事喜欢直来直去，且生性豪爽，不喜欢旁敲侧击、拐弯抹角。在选择合作企业时也不拘泥于太多细节，只要觉得有利可赚，无论怎样合作都行，而且合作与否也能迅速做出反应，省去了业务人员磨嘴皮的功夫。

企业在选派人员与其沟通和洽谈业务时也要有所兼顾，可以选择诚恳的老实型人员，或与之匹配的豪爽型业务人员。

还有些渠道中间商不太理会企业的业务人员引经据典、旁征博引的游说，总是摆出平静如水的心态，看似在听你讲，但又好像心不在焉。为此，业务人员会觉得不知所措。其实，该类渠道中间商在听业务人员条理性阐述的同时，心里一直在打自己的"小算盘"：合作会得到哪些利益，如果不合作又会面临哪些损失。该类渠道中间商一旦动心，合作的事情基本上会顺理成章。

针对该类渠道中间商,企业适宜选派讲话富有条理性、且有很强专业性的业务人员与其洽谈合作意向。在洽谈的过程中,对于合作利弊、政策支持等尤其要尽可能翔实,以便为该类渠道中间商提供决策参考。

面对合作意愿各不相同的渠道中间商,一方面企业要尽可能把企业的优势、产品的特征、企业的发展战略等介绍给经销商,力争赢得经销商的青睐;同时,企业管理人员也应对经销商对产品的重视程度和合作态度进行准确的了解,如果确实没有合作意愿,企业就算识别出其是一流的经销商,也必须坚决"剔除"。

对产品的功能及市场潜力的认同,是当好渠道成员的前提。一个渠道成员很难认真地去销售一个他认为没有市场潜力的产品。对产品的重视,是成为渠道成员的必要条件。因为重视才能产生责任心,而责任心又是驱使渠道成员努力工作的直接动力。制造商可以通过直接询问来了解渠道成员是否对产品有认同感。

定性分析渠道成员。

有很多渠道要素,如渠道成员的诚信度、可控性、适应性等,是很难用量化的指标考量的。收集量化数据又需要进行深入调研,需要花费大量的人力物力。渠道成员的选择是一种双向选择,需要深入沟通来完成,有时企业是被选择者而不是选择者,这时,定量的测评几乎没什么用处。因此,在企业实践中,渠道成员的选择大多采用定性分析法,主要依靠一些经验和判断,通过充分的沟通加强了解,通过市场的实际操作进行检验,最后确定渠道成员。

定性分析法的一般步骤,首先是通过市场试运作选择经销商,即厂家选派几个精兵强将在当地建立办事处,自设仓库,直接拓展终端业务。可以由厂家直接向零售店铺货,也可以联系数家有意向的批发商同时向零售店铺货。如果是后者,事先要申明双方的权责,明确试销的责任和义务,厂家不承诺经销权,试销优秀者选定为经销商。这就是所谓的"倒着做渠道"。

厂家向几家有意向的批发商同时铺货,往往会形成竞争和互相牵制的局面,然后经过市场运作,淘汰掉那些渠道能力较差或终端运作能力较差的经销商,可以给被淘汰的经销商一笔"市场开拓费"作为补偿。如果初选经销商都采取观望态度,那么厂家就只能自己直接铺货,并且一边铺货一边考察。随着市场开拓的深入和厂家对零售终端和批发商的了解的加强,这时再来确定合适的经销商就比较容易了。

如果初步选好了经销商,可以在前期铺货后再发动广告促销攻势。中小企业的广告费用有限,可以采取用"时间"换"金钱"的方法,先辅助经销商进行市场的第一轮铺货,起码达到40%铺货率之后再投放广告和促销。当广告促销攻势发动后,再进行第二轮铺货补货,这样可以最大限度地节约促销费用。

签订经销合同的期限不宜过长,最好不要超过一年。有人认为,签订长期合同可以把经销商与厂家捆在一起,使经销商全心全意地投入市场开拓。实际上,这只是一厢情愿的做法,经销商可能会利用中小企业的弱势地位从事投机经营活动。签订短期合同,留给经销商投机的空间就会比较小。另外,短期合同也会给经销商施加"随时可能被替换"的压力,如果他真希望继续销售企业的产品,就会加倍努力。

即使市场上只有一个经销商在分销,也只能承诺特约经销权,不要轻易承诺总经销。因为很少有客户能覆盖区域市场的所有二级批发和零售商,承诺总经销权就等于放弃了补缺和纠偏的权力。另外,承诺总经销权,也不利于厂家对市场的控制,容易出现"大户问题"。虽然早期经销商会有意见,但只要厂家坚持自己的渠道原则,保证经销商已开发并管理良好的网点,就能实现厂家与经销商的良好合作。

经销商的选择不能盲目贪大,应该更加注意成长性因素,考虑其是否与企业的条件相匹配,只有合适的才是最好的。厂家的实力有限时,不宜选择能力超强的大经销商,因为它经营的品种太多,有数个大品牌,对知名度低的新品牌不会全心投入经营，自然不会达到很好的销售效果。也不宜选择能力太弱的经销商,因为他没有能力把产品有效地铺到销售终端。厂家应该选择对自己的产品、品牌感兴趣,与自己实力匹配,能够全力经营的具有成长性的经销商。

广东某知名食品企业到成都选择代理商,在入围的6家企业中,有一家个体户起步较晚、规模较小,销售队伍人员也不多,但就是这家个体户取得了经营代理权!

该企业的老总说:"以这家的实力,其实连竞标的资格都没有。有一天,我在食品城看见他们夫妻俩服务态度很好,便让助理伪装成专门推销冒牌产品的人员,对他们说如果他们愿意经销,我们可给其丰厚的利润回报,结果他们坚决不卖! 这就是我为什么邀请他们参加竞标的原因。到产品发布会的那一天,他提前半小时到了宾馆,而有的商家却迟到了几十分钟,我看中的是他的个人信誉。"

结果正如他所料,那家个体户后来不但把市场做起来了,还成了成都有名的渠道成员,目前已成长为一家拥有数百万资产的食品经贸公司。

多数厂商都会回避与没有良好声誉的渠道成员建立关系。企业在识别一流的经销商时,要考虑到经销商的信誉度,因为这不仅直接影响企业的回款情况,还关系到市场的网络支持。相对信誉而言,渠道成员的经验和能力并非首要考虑因素,考验渠道成员的信誉可通过同行口碑和同业口碑的途径获得。

通过目标市场的其他渠道成员了解某个经销商的经营能力、经营状况、他与代理企业的合作信誉状况、他如何处理与客户之间关系等,这是了解其经营信誉的主渠道。其他制造商以及上游供应商、制造商以及下游服务商对该渠道成员的评价可作为重要的参考依据。可以说,世上没有不透风的墙,只要该渠道中间商不遵守渠道的游戏规则,不讲信用,其他同业人士必定会知道,所以,同业口碑是了解其经营信誉的重要辅助渠道。

看清渠道成员的弱点。

是人就有长处和弱点,刀枪不入的阿喀琉斯也怕被人伤到脚后跟。对于企业来说,没有任何一个渠道中间商是完美的。比如说,地处偏僻小镇的渠道中间商稳定可靠,但没有较大的商圈;规模太大的渠道中间商机构复杂,人事臃肿,管理费用很高,需要企业多"让利";而与目前企业保持良好关系的渠道中间商可能过于忠诚,不愿意与新的企业合作而"伤害老企业";与现有企业关系不好的渠道中间商也可能存在目中无人、自高自大或者缺乏信誉的毛病。

渠道成员的选择正确与否,决定了未来渠道建设的成功或失败。同时,渠道成员选择也是一件复杂的事情,对于渠道的认知和理念差异决定了渠道成员选择的策略与方法的不同。

一般来讲,分销渠道体系建成后会有一段时间的稳定期。于是,很多企业便误认为只要经销商选对了,产品就一定会热销,企业再也不用操心销售,剩下的便是渠道销售商的事了。这是一种错误的想法。

销售商的选择只是销售商体系构建的第一步,在发展中还需维护和完善。同时,产品热销不仅与销售商实力有关,还需要其他种种因素的配合才能实现。更何况销售商是各自独立的经济实体,没有严密的市场规则约束,"有奶便是娘"是一些销售商的行事准则,窜货、低价抛售等现象时有发生。因此,在选择销售商后,企业还要加强管理,并根据市场的变化不断加以调整完善。

任何渠道中间商都有利有弊,不能够光看其利的一面,而忽略了其弊的另一端。

渠道中间商采购了产品,并不意味着企业产品就从渠道中间商手中销售出去了,也有可能发生销售受阻的情况。对于某一企业而言,一旦其多数渠道中间商的销售受阻,就会形成"需求滞后差",即需求在空间或时间上滞后于供给。但人员、生产规模既定,机器、资金等运转照常,生产很难减少。如果需求继续减少,就会导致企业产品的供给更加大于需求。若多数商品出现类似情况,便很容易造成市场疲软现象。

流通环节增大储存或运输中的商品损耗,如果都转嫁到价格中,就会增加消费者的负担。此外,渠道中间商服务工作欠佳,可能导致消费者对商品产生抵触情绪,甚至引起购买的转移。

企业如果与渠道中间商协作不好,就难以从渠道中间商的销售中掌握和了解消费者对产品的意见、企业与竞争对手的优势和劣势、竞争者产品的情况、目标市场状况的变化趋势等。在风云变幻、竞争激烈的市场中,企业信息不灵,生产经营必然会迷失方向,也难以保持较高的营销效益。

由此可见,企业对渠道中间商的优势与劣势进行客观的分析和评价,有利于准确地预测和客观地说明他们能够承担的商品分销功能,为正确地选择渠道中间商奠定坚实的基础。如果企业对渠道中间商的优劣势分析不清、辨别不明,就会在运营的过程中小则"摔跟头",大则使企业出现生存危机。

综合考虑,一个好的渠道成员必须满足以下这些条件:

良好经营信誉——在行业内或区域市场内具有好的名声或口碑;

市场理念一致——与制造商在行业前景、市场拓展方面的看法不谋而合;

与经销产品无竞争性——与该经销商现在所经销的产品没有直接的竞争性;

销售网络优势——该经销商在当地市场已经建立了一个好的销售网络;

有兴趣与热情——对厂家的产品和品牌很认可,且具有积极的销售热情;

有同类产品经验——经销具有同样性质和类别的产品并已积累了相当多的经验；

良好的员工队伍素质——有一定数量的销售人员，具有市场意识和执行能力；

经营场所具区位优势——经销商的办公及储运地点最好接近目标市场；

有资金动员能力——经销商资金充足，能够解决旺季促销的资金要求；

有仓储配送优势——经销商最好拥有足够大的仓库和足够多的运输车辆；

具社会影响力——经销商最好在当地有一定的社会地位和市场影响；

经销商富个人魅力——经销商本人最好在专业知识、个人品德方面值得称道。

第八章

学会整合，为你的人生增值

古人言："下君之策,尽己之力;中君之策,尽人之力;上君之策,尽人之智。"

一个人为了完成自己的事业用尽毕生的精力,这是难能可贵的。但是,一个人或一个团体,只靠自己本身的努力是不够的,特别是在当今社会科学技术高度发达的情况下,社会分工精细,一个人或一个团体所掌握的科学技术知识是极有限的,在某些科学技术乃至具体工作环节上,哪怕是最杰出的人物或团体,亦不可能独自完成,必须要借助别人的力量才能攻克。

1.借力是成功路上的滑翔机

要想成功,不仅要增强自身的实力,还要学会将身边的资源通过合适的人脉关系整合到一起,进行优化配置,这才是让自己在人生中更加游刃有余的最佳策略。

在街边的报亭中,我们经常能看到那种面对女性的时尚杂志,一本后面绑着一管高档的护手霜,随书赠送的书签背面印着某培训机构的宣传语和联系方式,这些营销方式里面都潜藏着资源整合的理念。

对于个人来讲更是如此。你计划做成某事,但你没有成本、没有经验、没有技术……不要紧,如果你认识拥有这些资源的朋友,同时又有高屋建瓴的头脑,那么,所有问题都会迎刃而解。

小张毕业工作了3年多之后,时常为自己的现状感到苦恼。目前的公司已经没有多大发展空间,每天几乎都做着重复性的工作,小张感到自己的时间有被"贱卖"的危机。然而,拥有较大的家庭经济压力的他一方面舍不得此处的高薪, 另一方面也承担不起换工作或自己创业带来的高风险,无奈的他只能原地踏步。有一次,在一个远房亲戚那里,他认识了一个中年人,这个中年人家里有一定的资产,但不知道该怎样投资,见过小张几次之后,觉得小张是一个有想法、踏实稳重的人。他们经常在一起聊天,后来他表示,如果小张愿意自己做一项事业,他愿意出一定的资本。

小张一开始并没有往心里去,但后来,他看到街头经常排着长队、人头攒动的栗子店、薯片店的时候突然灵光一闪,发现了商机。于是,他找到了一家有名的连锁小吃店的老板,表达了想要加盟的意愿。

半年之后,小张的小吃店开了起来。他并没有辞掉工作,而是从那位远房亲戚那里得到了几万块的赞助,虽然不多,但经营一个小成本的买卖绰绰有余。他雇了几个人,把远在外地的岳父请来帮忙看管,一年下来,小吃店赚了不少钱。也许这并不是一项大事业,距离他的宏图大志还很远,但通过这个小本创业的经历,他积累了知识和经验,更重要的是,他手里有了更多的积蓄。经济宽裕之后,他安心地跳槽到另一家知名企业。刚开始的时候,对方承诺的薪水并不高,但他还是接受了,因为他相信自己的能力,更看好这里更加广阔的发展空间。

从此以后,小张的事业之路越走越宽了。

生活中有很多这样的事例,这就是我们常常疑惑的,为什么有的家庭两个人的工资都不高,却买得起大房子,过上高品质的生活?因为他们从更多的角度看自己的人生,不纠结于一处,懂得利用手里的资源想办法。他们手里有一点钱的时候,就投给朋友开办的小公司,从而获得更多的收益。有灵活头脑的人,是不会受穷的。

随着你认识的人越来越多,层次越来越高,也许三五人在谈笑间就能构思出一个好方案,并较快地付诸实践。

其实,生活就是这样,你自己的力量永远是有限的。有时候,人脉就像滚雪球,从周围的朋友身上,你能获得无穷的力量。

有人可能会说,"借"的确是一个"四两拨千斤"的好方法,但自己究竟能"借"什么,怎样"借"才能有效果,是现实中必然会遇到的难题。

"给我一个支点,我可以撬起整个地球。"这是阿基米德的一句名言,而"借"的关键就是要找到这个支点所在。这个"支点"就是"借"的契合点,它是你急需的,却又是对方所独具的。所以,"借"绝对不是简单的依赖和等待,而是一场有准备的战斗,是用巧妙的智慧换取财富。从这一点来说,你首先要对自己有充分的了解,明白自己的强项是什么,怎样的

"外援"会对你有帮助,然后在对市场充分了解的基础上锁定自己的"靠山",通过有效的"嫁接"真正达到"借"的目的。所以,"借"是主动的,它是你根据实际需要做出的选择。

有这样几条思路可以成为"借"的借力目标:

第一是借"智力",也可以说借"思路"、"经验"等。比如,有些投资大师有不少好的经验,这都是他们经过多年的成功与失败得出的制胜法宝,它们显然可以让我们的投资少走许多弯路。

第二是借"人力",也就是所谓的人气。一个品牌、一处经营场所甚至是一位名人,其周边可能聚集了不少类别分明的人群,如果能把自己生意的目标消费群与之结合起来,将会带来巨大的收益。

第三是借"潜力"。良好的社会经济发展前景诱惑无疑是巨大的,它会给我们的投资带来有效的增值空间,像城市的建设规划以及中小城市的发展计划等,都是值得我们关注的焦点。

第四是借"财力",有些投资者或企业可能会遇到资金捉襟见肘的情况,这时,充分利用银行或投资基金的财务杠杆无疑能解决许多"燃眉之急"。

第五是借"权力"。这里所说的权力指的其实就是政策,"借"上好的政策同样也会使你赢得发展的契机,靠政策致富的案例早已屡见不鲜。

在这里需要说明的是,"借"与盲目跟风有着本质的区别。"借"是一项高技术含量的工作,通过了解、准备、研究、比较和选择等多个步骤才能获得成功,而如果随意地跟风模仿,反而会带来不小的风险。有些投资者不考虑周围环境和自身的不同实际,不看实际效果是否有效,不看时机是否成熟,不看条件是否具备,生搬硬套,盲目地跟着别人走,这显然是与"借"的本意相违背的。

对此,我们可以把握住这样几点。

首先,一个好的"借"的对象要区别对待。比如,同样是城市建设规划,不同区域产生的效果是不一样的,这就需要投资者运用各种信息进行研究、分析、比较,最终"借"上真正有潜力的规划。

其次,即使找到了正确的方向,"借"的过程也要讲究技术。比如,你"借"上了大店铺的客源,就可以考虑将经营时间与大店铺错开,以避其锋芒、捡其遗漏。

最后,"借"同样可能会遭遇到不可预见的风险,其中最为典型的就是连锁加盟,有些项目由于本身含金量不高,甚至带有欺骗性质,让许多投资者遭遇了滑铁卢。对此,我们必须多加留意。

2.有意识地积累各行各业的朋友

现代社会中,拥有良好的社会关系就等于拥有比别人更多的机会。因此,在创业之前或创业过程中要有意识地积累各行各业的朋友。

就职于纽约市一家大银行的查尔斯·华特尔奉命写一篇有关某公司的机密报告。华特尔知道某个人拥有他非常需要的资料,于是,他去见了那个人,对方是一家大工业公司的董事长。当华特尔被引进董事长的办公室时,董事长秘书从门边探出头来,告诉董事长,她这天没有什么邮票可给他。"我在为我那12岁的儿子搜集邮票。"董事长对华特尔解释道。华特尔说明了他的来意后提出了问题,但董事长却表现得不太感兴趣,无论怎样试探都没有效果。这次见面时间很短,也没有收到实际效果。

华特尔说:"坦白说,我当时不知道怎么办。接着,我想起了他的秘书对他说的话——邮票,12岁的儿子……我也想起了我们银行的国外部门搜集邮票的事,他们从来自世界各地的信件上取下邮票。"第二天早上,华特尔再去找他,传话进去说有一些邮票要送给他的孩子。他满脸笑容,客气得很。"我的乔治会喜欢这些的。"董事长一面不停地说,一面抚弄着那些邮票,"瞧这张!这是一张无价之宝。"他们花了一个小时谈论邮票,还看了他儿子的照片。然后,他又花了一个多小时把华特尔想知道的资料告诉了他,并让他的下属就一些问题向华特尔做了详细的解释,之后又打电话给一些同行,把一些事实、数字、报告和信件全给了华特尔。

事实就是这样:无法与关键人物搭上关系时,事情往往很难取得进展,可一旦与关键人物建立起联系,事情就好办了。因此,开发人际关系资源对人们捕捉机遇、走向成功具有重要意义。

吕春穆起先是北京一所小学的美术老师,他在杂志上看到有人利用收集到的火柴商标激发学生们的学习兴趣和创作灵感的报道后,决定收集火花(火柴盒贴画)。他为此展开了广泛的交际活动:他油印了200多封言辞中肯、情真意切的信发到各地火柴厂家,不久就收到了六七十个火柴厂的回信,并有了几百枚各式各样精美的火花。此后,他主动走出去以"花"会友。1980年,他结识了在新华社工作的一位"花友",对方送给了他20多套火花,还给他提供信息,建议他向江苏常州的一个花友索购花友们自编的《火花爱好者通讯录》。由此,他结识了国内100多位未曾谋面的花友。他与各地花友交换藏品,互通有无;他利用寒暑假,遍访各地藏花已久的花友,还通过各种途径与海外的集花爱好者建立联系。就这样,在广泛的交往中,他得到了无穷无尽的乐趣和享受,也为他的成名创造了机会:他先后在报刊上发表了几十篇有关火花知识的文章,还成为了《北京晚报》"谐趣园"的撰稿人。他的火花藏品得到了国际火花收藏界的承认,并跻身于国际性的火花收藏组织的行列。1991年,他的几百枚火花精品参加了在广州举办的"中华百绝博览会",他以14年的收藏历史和20万枚的火花藏品被誉为"火花大王"而名甲京城。

很显然,吕春穆的成功得益于交际。他以"花"为媒,结识朋友,通过朋友再认识朋友,一直把关系建立到全球,从而使机会一次次降临,由此很自然地迈向了成功。

大量事实证明,机遇与交际能力和交际活动范围成正比。因此,我们应把开展交际与捕捉机遇联系起来,充分发挥自己的交际能力,不断扩大交际活动的范围,只有这样,才有可能发现和抓住难得的发展机遇。

下面总结出了一些打造良好关系的基本方法与原则。

(1)不轻易树敌

素昧平生或者关系浅淡的人并没有义务在你需要的时候帮助你,若有求于对方,要用委婉的易于接受的方式提出。首先寒暄,聊大家都关心的事情,然后在不经意间表达你的请求。无论谁,即使地位再高,也会在交往的过程中把对方视作朋友,如此做事才可能顺利。此外,还要注意,不能永远都用同一种方式说话。应对不同的人,要有不同的方式。否则稍不注意,就很容易得罪人。有了这样的意识,遇到人就会自动将他们分类,形成自己的一套待人处事的逻辑。我们可能会遇到来自世界各地不同背景的人,环境变化很快,因此要有很强的应变能力。

在交往过程中,各种类型的人都会碰到,其中有你喜欢的,也有你不喜欢的。对于你喜欢的人,交往亲近起来非常容易,团结这些人并不难。问题的关键是,如何同你不喜欢的人建立良好的人际关系呢?

首先应尽量找出他身上的优点,并用包容的心态对待他的缺点,如果能做到这些,或许就能与你不喜欢的人结为朋友。但也有可能你无论如何也找不出他的优点,或根本无法包容他的缺点。对待这种实在无法交往的人,你要做到喜怒不形于色,不当面指责或指出他的毛病,避免和他争吵及任何正面冲突,这样就不至于使他们成为你的敌人进而给你带来很多不必要的麻烦。

(2)与社会名流和关键人物建立关系

社会名流在社会上有一定的影响力,与他们建立良好的个人关系有利于我们事业的发展。但这些名流都有他们固定的交际圈,一般人很难进入到他们的关系网里。我们可以从如下几个方面入手和他们交往。

第一,在与名流交往之前多了解与他们有关的资讯,托人引荐,多出入名流常常出入的场所,这样,你才能有机会结交到这些社会名流。

第二,要注意给对方留下一个好的印象,千万不要死缠着对方不放,这样做只会适得其反。

第三,通过一次交往建立良好的关系是很难的,所以,应多制造交往的机会,多次接触才有可能建立较为牢固的关系。

(3)结交成功者和事业伙伴

"近朱者赤,近墨者黑。"之所以要结交成功人士,是因为他们比我们优秀,我们可以从他们身上学到很多有益的东西,同时,他们的成功事例也能不断地激励我们奋进。而且,若能跟那些成功者建立良好的关系,那么,当我们需要帮助时,他们就会伸出友谊之手拉我们一把。总之,和这些人交往有利无弊。

想要成为什么样的人,就跟什么样的人在一起。如果你想获得成功,就要多跟成功人士在一起。通过他们,你可以结识更多这样的人。所谓"物以类聚,人以群分",等你身边都是这样的人时,关系网自然就拓展开来了。

(4)礼多人不怪

掌握礼节也是建立良好朋友关系必须掌握的原则。和有身份的人交往可能很容易就能做到这一点,因为对方的权势、地位、实力足以使你产生敬畏之心,不由得你不注重礼节。但很多人在交往时却容易步入一个误区,即熟不拘礼。他们认为,和朋友讲礼节论客套会伤害朋友的感情。其实这种认识是非常错误的,他们并没有意识到,朋友关系也是一种人际关系,任何人际关系之所以能够存续下去,就是因为相互尊重,容不得半点强求。

礼节和客套虽然繁琐,却是相互尊重的一种重要形式。离开了这种形式,朋友之间的关系将难以存续。

3.竞争不排斥合作

美国商界有句名言:"如果你不能战胜对手,就加入到他们中间去。"现代竞争,不再是"你死我活",而是更高层次的竞争与合作。现代企业追求的不再是"单赢",而是"双赢"和"多赢"。

一只狮子和一只狼同时发现了一只小鹿,于是它们商量好共同追捕那只小鹿。它们之间合作得很好,当野狼把小鹿扑倒,狮子便上前一口把小鹿咬死。但这时狮子起了贪心,不想和野狼平分这只小鹿,便想把野狼也咬死。可是野狼拼命抵抗,后来狼虽然被狮子咬死了,但狮子也受了重伤,无法享受美味。

这个故事讲述的就是人们常说的"你死我活"或"你活我死"的游戏规则。试想,如果狮子不是那么贪心,而是与野狼共享那只小鹿,不就能皆大欢喜了吗?

我们常说人生如战场,但是人生毕竟不是战场。战场上,你不消灭对方,就会被对方消灭。而人生赛场不一定如此,为什么非得争个鱼死网破、两败俱伤呢?合作双赢不是更好吗?

在社会交往中我们每个人的观点中,竞争与合作相辅相成,是平等的、相互对等互为补益的关系,但是由于现今社会竞争现象的普遍出现,对于合作方面,一些人就好像不太重视。现今社会中,有很多人认为,竞争就是你死我活,竞争的双方不能有合作的机会,他们似乎注定是为利益而对立的"冤家"对头。其实,如果要在竞争与合作之间选择的话,选择合作的人才是聪明人。

在经济生活中,有一种"龟兔双赢"理论。

兔子因骄傲在第一次赛跑中失利之后,进行了深刻的反思,并决心和乌龟做第二次较量,乌龟接受了兔子的挑战,结果,这次兔子轻松战胜了乌龟。乌龟很不服气,主张再比一次,并由自己安排制定比赛路线和规则,兔子同意了。当兔子遥遥领先而洋洋自得时,一条长长的河流挡在了面前,这下,兔子犯难了,坐在河边发愁。结果,乌龟慢慢赶了上来,又慢慢地游过河而赢得了比赛。几番较量后,龟兔各有胜负。后来,它们厌倦了这种对抗,最终达成协议,再比最后一次。于是,这一次人们看到,在陆地上,兔子背着乌龟跑;在水中,乌龟背着兔子游,它们同时到达了终点。

目前,一些人信奉"丛林法则",即所谓弱肉强食、优胜劣汰,为了达到个人目的,他们可以不择手段,这无疑是极不可取的。要知道,竞争应以不伤害别人为前提,以共同提高为原则。竞争不排斥合作,良好的合作能够促进竞争,在竞争中互相帮助达到双赢才是目的。

从前,两个非常饥饿的人得到了一位长者的恩赐:一根鱼竿和一篓鲜活硕大的鱼。其中,一个人要了一篓活鱼,而另一个人则要了一根鱼竿,然后,他们就分道扬镳了。

得到鱼的人原地用干柴搭起篝火,烤起了那些鲜活的鱼。把鱼烤好以后,他狼吞虎咽,根本来不及品出鲜鱼的肉香。可鱼毕竟是有限的,没过几天,他就把鱼全部吃光了。不久,他饿死在了空空的鱼篓旁。

而另一个得到鱼竿的人朝海边走去。他忍饥挨饿地走了几天,当他终于能看到远方蔚蓝的大海时,他已经一点力气都没有了。最后,他倒在了他的鱼竿旁,带着无尽的遗憾离开了人间。

同样,又有两个饥饿的人,他们同样得到了长者的恩赐:一根鱼竿和一篓鱼。但他们没像前两个人那样各奔东西,而是商定共同去寻找大海。他们两个带着鱼和鱼竿踏上了旅程。在路上,他们每次只煮一条鱼,以防在找到大海之前把鱼吃光。经过艰难的跋涉,他们终于来到了海边。从此,两人开始了捕鱼为生的日子。几年后,他们盖起了自己的房子,有了各自的家庭,有了自己建造的渔船,过上了安定幸福的生活。

同样是面对着鱼竿和满篓的鱼,四个人却有不同的表现:前两个人只顾眼前利益,得到的只是暂时的满足和长久的悔恨;后两个人懂得人生的智慧在于目标存高远但立足于现实,于是两个人合作,发挥了鱼竿和一篓鱼的双重功效,最后过上了幸福的生活。

合力双赢不是更好吗?既可以发展自己,也可以让自己得到最大的好处。

一个人的力量是很有限的,就像孤掌难鸣一样。所以,要想办成事,就要善于与人合作。不管是别人帮助自己还是自己帮助别人,只要能让问题顺利解决,我们都不应该拒绝。别闷在一大堆事情中间,探出头来,你会找到更好、更有效率的解决方式。

美国壳牌公司曾在北京大学召开过一场别开生面的招聘会。面试官先将10名应聘者分成两个小组,假设他们要乘船去南极,然后要求这两个小组的成员在限定的时间内提出各自的造船方案并且做成船的模型。

在这个过程中,面试官会根据应聘者对于造船方案的商讨、陈述和每个人在与本小组其他成员合作制作模型过程中的表现进行打分,以选择合适的人才。

壳牌公司是一家很了不起的公司,他们从事石油勘探以及原油开采、加工设备销售等方面业务的大型跨国公司。在谈及这次面试时,壳牌公司人力资源部负责人说,运用这种方式的最大目的是了解应聘者是否具备团队精神。

壳牌公司面试官说:"在当今社会里,企业分工越来越细,任何人都不可能独立完成所有的工作,他所能实现的仅仅是企业整体目标的一小部分。因此,团队精神日益成为企业的一个重要文化因素,它要求企业分工合理,将每个员工放在正确的位置上,使他能够最大限度地发挥自己的才能,同时又辅以相应的机制,使所有员工形成一个有机的整体,为实现企业的目标而奋斗。对员工而言,它要求员工在具备扎实的专业知识、敏锐的创新意识和较强的工作技能之外,还要善于与人沟通,尊重他人,懂得以恰当的方式同他们合作。"

事实正是如此,那些善于合作、具有团队精神的员工往往更容易获得成功的机会。所以说,要想获得成功,你就必须要做一个善于合作的人。

现代社会中的现代企业文化追求的是团队合作精神。所以,不论是对个人还是对公司,单纯的竞争只会导致关系恶化,使成长停滞;只有互相合作,才能真正做到双赢。

4.集思广益,威力无比

有句话说得好:"只有懂得聆听别人意见的人,才能集大成。"无论是多么优秀的人,只靠自己的力量是有限的。尤其在当今这个竞争激烈的社会里,凝集多数人的智慧是制胜的关键。就算你是一个"天才",凭借自己的想象力,也许可以获得一定的财富。但如果你懂得让自己的想象力与他人的想象力结合,就定然会产生更大的成就。

每一个人的构想与思维都是不一样的,所以说,人越多,就越容易想出好的办法,这正应了"三个臭皮匠,顶个诸葛亮"这句话。集众人的意见,很有可能产生意想不到的效果。

日本东京有一个地下两层的饮食商业街,整个广场都显得死气沉沉。一天,商业街董事长突发奇想:如果有一条人工河就好了,这样,来往的人群不但能听到脚底下潺潺的流水声,而且广场上还有人式瀑布,这确实很适合"水都街区"的创意。人工河修建完成后,果然使广场的气氛焕然一新,也为商业街吸引了很多客流量。

后来,有人问董事长是如何产生这个奇思妙想的。他回答说,挖人工河的构想并不是一开始就有的,而是几个年轻设计师一起讨论时,有一个突然说:"让河水从这里流过如何?""不,如果有河流的话,冬天会冷得受不了。"

"不,这个构想很有趣。以前没有这么做,我们一定要出奇制胜。"董事长拍板,通过了这个构想。

由此可见,一个好的创意的产生与实施,企业家光靠自身的力量和努力是不够的,必须集思广益,在自己周围聚拢起一批专家,让他们各显其能、各尽其才,充分发挥他们的创造性作用。

一个人若想取得成功,就要发挥集思广益的最高境界,善于倾听大家不同的意见与看法,综合所有的智慧精华。这就好比吃饭,一个善于集思广益的人就是一个不挑食的人,他的营养会比较均衡,身体会非常健康;而偏听偏信、一意孤行、只认可相同意见的人无疑属于偏食的人,营养摄取的不均衡必定会使他的身体出现种种病理反应,直至整个人完全垮掉。

在工作中,不难发现,集思广益的合作威力无比。

一个人有无智慧,在做事的方法上就能体现出来。山外有山,人外有人,借用别人的智慧助己成功是必不可少的成事之道。

如果你觉得有必要培养某种自己欠缺的才能,不妨主动去找具备这种特长的人,请他参与相关团体。三国中的刘备,文才不如诸葛亮,武功不如关羽、张飞、赵云,但他有一种别人不及的优点——强大的协调能力,他能够吸引这些优秀的人才为他所用。

聪明的人善于从别人身上吸取智慧的营养补充自己。从别人那里借用智慧,比从别人那里获得金钱更为划算。读过《圣经》的人都知道,摩西算是世界上最早的教导者之一。他懂得一个道理:一个人只要能得到其他人的帮助,就可以做成很多事情。

当摩西带领以色列子孙前往上帝许诺给他们的领地时,他的岳父杰塞罗发现摩西的工作实在过重,如果他一直这样下去的话,人们很快就会吃苦头。于是,杰塞罗想法帮助摩西解决了问题。他告诉摩西将这群人分成几组,每组1000人,然后再将每组分成10个小组,每组100人,再将100人分成2组,每组各50人。最后,再将50人分成5组,每组各10人。然后,杰塞罗又教导摩西,要他让每一组选出一位首领,这位首领必须负责解决本组成员所遇到的任何问题。摩西接受了建议,并吩咐那些负责1000人的首领,分别找到能够胜任的伙伴。

用心去倾听每个人对你计划的看法是一种美德,它是一种虚怀若谷的表现。他们的意见,你不见得各个都赞同,但有些看法和心得,一定是你不曾想过、考虑过的。广纳意见,有助于你迈向成功之路。

万一你碰上了向你浇冷水的人, 就算你不打算与他们再有牵扯,也不妨想想他们不赞同你的原因是否有道理？他们是否看见了你看不见的盲点？他们的理由和观点是否与你的相同？他们是不是以偏见审视你的计划？问他们深入一点的问题,请他们解释反对你的原因,请他们给你一点建议,并中肯地接受。

另外, 还有一种人,他们无论对谁的计划都会大肆批评,认为天下所有人的智商都不及他们。其实,他们根本不了解你想做什么,只是一味地认为你的计划一文不值,注定失败,连试都不用试。这种人总喜欢踩在别人身上来显示自己的能力。要是碰上这种人,不要再浪费你宝贵的时间和精力,苦苦向他们解释你的理想一定办得到,还是去寻找能够与你分享梦想的人吧。

一位植物学教授打过一个比方:"许多自然现象显示：全体大于部分的总和。不同植物生长在一起,根部会相互缠绕,土质会因此改善,植物比单独生长更为茂盛。"

这一原理也同样适用于人,但也会有例外。只有当人人都敞开胸怀,以接纳的心态尊重差异,才能众志成城,达到集思广益的最高境界。

5.优势互补,团结合作

现在,不管你走到哪家企业,你都会听到人们在谈论团队。正如日本企业家盛田昭夫所预言的：企业组织形式正经历着一场深刻的革命,工业革命以来的传统的垂直式的功能化的管理模式将逐渐被淘汰,取而代之的是以团队为核心的扁平式的过程化的管理组织模式。

如今,企业管理已经步入了一个团队管理的时代。种种迹象表明,曾经对下级发号施令的经理们,将被有创造性和控制力,同时还能帮助团队成员,与他们共同工作并完成任务的领导者所取代。同样,作为团队的一名成员,每个人的成功也在很大程度上取决于能否与其他成员合作以实现既定目标。总而言之,充满凝聚力的团队模式早已成为主流。

工作中的团队合作理念起源于美国,但团队建设在日本的公司里所占的比重更大,甚至有很多企业家都以此作为学习与了解日本经济和文化的一个突破口。

事实上,有些分析家认为,正因为日本人欣赏团队合作,所以才奠定了他们在当今世界经济之林中的领先地位。

全球著名的汽车王国本田汽车公司,就拥有一支优秀的凝聚力团队。

本田的创始人本田纯一郎是从一名汽车修理工发展成为全球著名汽车王国带头人的。但他一直强调,事业的成功仅靠个人努力是不行的,要实现远大的目标,不仅需要得力助手的相助,还要依靠所有员工的共同努力。

的确,在本田纯一郎的成功之路上,其助手藤泽武夫、河岛喜好、西田通弘等,都为本田事业的发展做出了极为重要的贡献。同时,在这几位精诚合作的事业伙伴的带领下,本田公司的精英团队各展其才,共同打造出了一个誉满全球的汽车王国。

公司创立之初,本田凭自己的魄力和果断的作风,攻破了一个又一个难题。但当公司发展壮大之后,他个人在销售环节上的弱点却成了公司继续发展的一大障碍。

本田没有自己的销售网络,所以只能把自己的产品交给销售商独家代售。销售商为了自己的利益,故意制造市场上供不应求的局面,导致一方面本田公司的产品积压日增,另一方面其竞争对手们也推出了新产品,使本田公司的销量剧减。

就在公司陷入进退维谷的困境时,本田遇到了他一生的事业伙伴和知己——销售奇才藤泽武夫。两人很快就达成了共识,藤泽武夫连同他的全部身家25万日元一起投资加入本田技术研究工业公司。

藤泽加盟后的第一个重大决策,就是建立一套自己的配销系统。投入全球资金进行整车生产,并将全国市场划成若干大区域,每个区域设立本田的独家代售商。代售商再将他管辖下地区划成若干小区域,然后分别授权给若干零售商。就这样,本田公司很快就建立了一个遍布全国的销售网络。

在藤泽武夫的辅佐下,本田技术研究工业公司开始了飞速的发展。本田曾说过一句玩笑却意味深长的话:"我对经销一窍不通,是个十足的门外汉。藤泽不懂技术,虽有驾照,可外出时却没有开过一次车。我们俩合起来才算一个企业的经营者。"

正因如此,自从藤泽武夫加入公司后,本田就将公司的销售、人事、财务以及其他事务全权交给了他,甚至连公司最重要的印章都交给藤泽武夫保管,本田自己则全身心投入于科研工作。现在,几乎全世界的每一条路上都有本田车的身影。本田公司能取得如此辉煌的成就,离不开本田纯一郎与藤泽武夫的优势互补,离不开团队合作。

　　确实,日本公司的团队管理模式与日本民族所特有的民族性密不可分,但是,这并不代表团队结构只能在日本运用。通过引入质量小组、开展员工参与、果断地根据美国实际运用团队的概况以及实施员工持股计划等,美国公司也做出了尝试,开始仿效他们的日本对手,并取得了相当不错的成就。沃尔玛、通用、IBM等,无疑都已经成为令世人瞩目的高凝聚力企业团队。在加利福尼亚州的弗里蒙特,通用汽车与丰田公司的合作项目就是这种尝试的一个实例。在这家美日合资企业里,日本式的团队管理为企业带来了巨大的经济效益。

　　或许是因为中层管理者固守权力,工会领导担心失业,所以他们刚开始十分抵制团队战略和团队合作的做法。然而,那些充分利用团队合作的竞争企业已经对美国的企业安全构成了威胁,所以,很多反对这方面的人后来都转变了态度。在20世纪90年代,几乎所有美国大型企业都投入了大量的人力和财力,用于管理层和员工中的团队合作和凝聚力的打造。

　　就目前而言,凡进入世界500强的企业,无不致力于团队建设,而且都致力于团队规范化的建设。

　　当然,团队及其凝聚力建设是一个漫长而艰难的过程。而且,团队虽有相对的独立性,但它毕竟还是依托于公司而生存的。这就要求所有的团队领导者在团队的建设和发展中,必须重视团队之间的合作与交流,优势互补,以精英团队带动整个企业的发展。

　　要想成为未来的企业领导者,就必须具备激励他人、培养员工的奉献意识,以及帮助团队为实现企业的远大目标而制定规划的能力。而要想成为一名优秀的团队成员,就必须善于表现自己的技能,证明自己在团队中的重要性;同时,至关重要的一点,是要学会团结合作。

6.别小觑"虾米"的集合

我们都很清楚,借人之力是获取成功的捷径之一。但是在这条捷径上,人们往往习惯于将目光聚焦到那些有权势、有财富的名人和富豪身上,认为只有这些人才是自己人生路上的"贵人",才能给自己的成功添砖加瓦。

可是,大人物们高高在上,有时候,不用说去求他们,连接触到他们都很难。遇到这样的情况,我们该怎么办?坐以待毙,还是就靠自己蛮干?

不用发愁,你不妨将目光投到某些"小人物"身上。

要知道,"大小"并不是绝对的,二者可以转换。你应该懂得变通,没有"大人物"可以选择的时候,能向"小人物"借力也是不错的选择。在历史上,"鸡鸣狗盗之辈"曾经帮孟尝君逃脱大难,不就是很好的证明吗?

千万不要小觑小力量的集合。当我们看到日本联合超级市场以中心型超级市场共同进货为宗旨而设立的公司的惊人发展,就会有如此的感慨。

就在1973年石油危机之前,总公司设于东京新宿区的食品超级市场三德的董事长——堀内宽二大声呼吁:"中小型超级市场跟大规模的超级市场对抗,要生存下去的唯一途径就是团结。"可是,当时响应的只有10家,总营业额也不过只有数十亿日元而已。但到1982年2月底,联合超级市场集团的联盟企业有145家,加盟店的总数有1676家,总销售额2750亿日元。而且,从第二年起,加盟的企业总数又增加为178家,继而187家、200家、253家……持续地增涨,同时,加盟店的总数也由1944家增加为3000家,总销售额高达4716亿日元,遥遥领先大限、伊藤贺译堂、西友、杰士果等大规模的超级市场。

中国有句俗语："众人拾柴火焰高。"意思是说，通过联合的力量，可以实现个人力量所不能实现的目标。很多小企业、小公司，在激烈的竞争中被冲击得东倒西歪、飘飘摇摇，虽然也有顽强的生命力，但终难形成气候。它们要想在竞争中站稳脚跟，就得联合统一战线，共同出击，以群蚁啃象之势去迎接各种挑战。

东北有家非金属矿业总公司——辽河硅灰石矿业公司，前身为辽河铜矿，因长年亏损，1983年改换门庭，从事非金属矿的开发与经营，所开采的优质硅灰石全部销往日本、韩国，公司效益也真正红火了几年。

据称，日本商人将石头买上船后，便在回日本的航程中将其加工成立德粉、钛白粉，然后中途返航，运往上海、天津等地。

辽河硅灰石矿业公司于1990年从日本引进加工生产线，掌握了生产立德粉、钛白粉的技术，并从1992年起开始生产建筑涂料。从1993年开始，其所产硅灰石滞销，生产的涂料市场滑坡，公司出现了严重亏损。1997年，辽河公司宣布破产，原来的各分厂全部被私营单位买断。

1999年，日商再次光顾辽河公司，与私营小公司老板商榷购买200万吨硅灰石粉的合同。可是，各自为政的小公司并没有这个魄力，也不可能在一年半的时间内完成合同任务。

眼看着煮熟的鸭子就要飞了，就在日商即将离开之际，辽河其中一家公司的经理郝为本横下心，与日商签了合同。

郝为本心里清楚，如果不能按时交货，日商的索赔会让他倾家荡产，弄不好还得蹲大牢，但到口的肥肉总不能不吃吧。

郝为本拿着合同，请其他几家小公司的经理聚到一起，认真研究，打算联合起来吃这条大鱼。谈好利益和任务的分配后，几家公司立刻行动了起来。

经过有力的联合,辽河公司按时完成了任务。

上述事例正印证了"虾米联合起来能够吞掉大鱼"的事实。因此,在现实生活中,当你觉得仅凭一人之力难以应付客户时,完全可以采取这种办法,把可以借力的伙伴联合起来,就像一根筷子容易断,一捆筷子不易断一样,这种小力量的集合会给你带来更多的收获。

因此,在人际交往中,要灵活变通,千万不要只逢迎那些所谓的"达官贵人",也要懂得和"小人物"建立关系。而且,更不可得罪"小人物",尤其是那些"大人物"身边的"小人物"。只要你能巧妙地借助他们的力量,同样可以办成大事。

第九章

管理的核心
——团队资源的有效整合

  管理，是一个古老的话题，自有人类社会以来，管理就产生了。但管理这一概念随着时代的发展，又有了新的内涵。

  现代企业当然要与现代管理相吻合，但是现代管理不过是过去管理创新的结果。如果我们不知道现代管理究竟是什么，恐怕只能从表面上把握现代管理的特性，而无法在此基础上有所创新，更无法说清楚整合管理。

  管理与时俱进，认识与时更新。计划、组织、指挥、协调和控制行为活动本身并不等于管理，管理的核心在于对现实资源的有效整合。

1.人尽其才,企业才会形成最大的合力

个人英雄主义的时代已经终结,曾经的家族企业靠一个教父式人物包打天下的时代已经渐行渐远,而建设企业团队,发挥团队的力量,已经成为企业界的主流认识。任何一个企业,要想发展壮大,都不可能靠一个人的力量,而必须要靠团队的力量,高效而有执行力的团队组织是未来企业参与市场竞争的重要筹码。

现今是一个追求个人价值的时代,更是一个追求个人价值实现与团队绩效双赢的时代。只有当一个团队拥有高度的战斗力时,其中的个人才能不断得到锻炼和提升。这一过程中,不可或缺的主线就是"团队精神"。在今天的企业界,靠个人单打独斗已经很难赢得市场的决胜权,只有通过团队的力量才能提升企业整体的竞争力。

作为企业的一分子,一名优秀的员工能自觉地找到自己在团队中的位置,能自觉地服从团体运作的需要,能把团体的成功看作发挥个人才能的目标。他不是一个自以为是、好出风头的孤胆英雄,而是一个充满合作激情、能够克制自我、与同事共创辉煌的人。因为他明白,离开了团队,他将一事无成;而有了团队合作,他可以与别人一同创造奇迹。

蒋志国是一家营销公司的优秀营销员,他那个部门的团队协作精神十分出众,因此,每个人的成绩都特别突出。

后来,这种和谐融洽的合作氛围被蒋志国破坏了。

前一段时间, 公司的高层把一项重要的项目安排给蒋志国所在的部门,蒋志国的主管反复斟酌考虑,犹豫不决,始终没有拿出一个可行的工作方案。蒋志国认为自己对这个项目有十分周详而又容易操作的方案,为了

表现自己,他没有与主管商量,更没有向他提出自己的方案,而是越过他,直接向总经理说明自己愿意接下这项任务,并向他提出了可行性方案。

他的这种做法严重地伤害了部门经理的感情,破坏了团队精神。结果,当总经理安排他与部门经理共同操作这个项目时,两个人在工作上不能达成一致意见,产生了重大的分歧,导致团队内部出现分裂,团队精神涣散,项目最终也在他们手中流产了。

一个团队之所以伟大,并不是因为某个成员伟大,而是因为他们是一个集体。正如海尔的首席执行官张瑞敏说的:"就单个员工而言,海尔员工并不比其他企业员工优秀,但能力互补、具有良好团队合作精神的'海尔团队'的确是无坚不摧的。"

秋去春归的大雁在飞行时总是结队为伴,队形一会儿呈"一"字,一会儿呈"人"字,一会儿又呈"V"字,它们为什么要编队飞行呢?

原来,编队飞行能产生一种空气动力学的节能效应。一群由25只编成"V"字队形飞行的大雁团队,能比具有同样能量但单独飞行的大雁多飞70%的路程。也就是说,编队飞行的大雁能飞得更远。

当大雁向下扑翅膀时,在它的翼尖附近会产生一种上升流,每一只在编队中飞行的大雁都能利用到邻近它的另一只大雁所产生的这股上升流,因此,大雁只需消耗较少的能量就能飞翔。大雁的这种行为并不是出于它们对这种上升流的理解,而是感觉到这样飞行时不太费力,只需要调整它们的飞行姿势就行了。

以水平线形飞行的大雁也可获得这种邻近升力,但以这种方式飞行时,中间的那只雁要比排列在任何一侧飞行的大雁获得更大的上升助力。而在"V"字形编队中,这种升力的分布相当均匀,虽然领头的大雁所受到的空气摩擦力要比后面的那些大雁大,但这一点由排在两侧飞行的大雁所产生的上升流弥补。排在"V"字形队末飞行的大雁只能从一侧获得这种上升流,那它消耗的能量是否多些?并不是这样,因为其他的大雁都在它的前面飞行,所以这种来自一侧的上升流是相当强的,而且大雁的这种"V"字形编队不需要绝对的对称也能具有这种升力特性,即排列在一侧的大雁可以比另一侧多一些。

在现代社会,团队的力量远远大于一个个单独的优秀人才的力量。在当今世界,任何具有重大意义的科学研究、理论探索、技术工程等,都不是凭借个人单枪匹马的奋斗完成的。

彭翼捷,1978年出生,现任阿里巴巴B2B中国事业部副总裁。2000年,彭翼捷从西安交大外语系毕业后来到阿里巴巴工作。仅仅用了7年时间,她从一名普通的销售人员做到了副总裁的位置。现在,彭翼捷管理着阿里巴巴的中国网站,以及诚信通高达十亿元的销售额。2007年4月25日,《互联网周刊》发起的"长三角地区互联网经济发展高峰论坛"在杭州召开,此时,不到30岁的彭翼捷已经成为了阿里巴巴集团举足轻重的人物,代表公司在那次论坛上发表了"长三角电子商务产业群合作发展"的主题演讲。

其实,像彭翼捷这种"坐着火箭上升"的职业生涯成长奇迹在阿里巴巴很常见。

在阿里巴巴,员工一旦被"伯乐"(通常是人力资源部门)发现并确定为"猎犬",而且是一只能够深入理解公司文化、并且愿意与公司一同长期发展的"猎犬",往往会得到公司的大力培养和重用。阿里巴巴会给"猎犬"或"准猎犬"们提供各种培训机会,给予他们在不同业务部门轮岗的机会,使他们能够在比较短的时间里接触不同的业务,锻炼各个方面的能力。

我们都知道,马云的第一份职业是杭州电子工业学院的英语老师,所以在打造自己公司的管理架构时,他习惯性地先想到了大学的架构,

"大学里除了科室主任、系主任、院长这条管理线,还有助教、讲师、教授这条业务线,公司也可以按照这个办法来打造。"

于是,按照马云最初的这种构想,阿里巴巴公司两条泾渭分明的"升职路线图"诞生了,这也是员工职业生涯规划的路线图。

一条线是管理线,即沿着"官路"走。沿着金字塔的路线向上依次是Head、Manager(经理)、Director(主管)、VP(副总裁)、Senior VP(高级副总裁)、CEO(首席执行官)。

另外一条线是"学术线",追求"技术立身"或者"业务立身"。走这条路线的人,阿里巴巴鼓励他们搞学术、研发和创新。

通常,新员工来到阿里巴巴之后,经过第一阶段试用期转正以后就变成了"勇士",然后经过3~6个月,跳过3级,升为"骑士"、"侠客",侠客以后是"Hero"。当然,要达到Hero的级别很难,Hero里面又分A、B、C3级,然后到Master(大师),大师之后才是Chief(领袖),共分5档,每档又分3级,一共15级。这条"学术线"不可谓不漫长、复杂,熬到大师级的人就进入了一个"非凡"的境界。

应该说,为员工的职业生涯定了这样两条泾渭分明的路线,马云是用心良苦的。他经常说一句话:"什么是优秀的团队?不让任何一个队员掉队就是最优秀的团队。"而这样两条路线无疑给所有阿里人都提供了一个公平竞争的平台。比如,技术人员可能永远不会管人,但"Master"可以成为他前进的方向和努力的目标;而有些人技术水平是"0段",管理水平却可能是相当高的"9段"。

实际上,即使是当初和马云一起干的"十八罗汉",今天也只有少数几个人出现在阿里巴巴"CXO"的名单上。除了有"避嫌"的考虑之外,更重要的是有些人的确不适合在管理岗位上,但他们在向着公司的业务线方向发展,成为了另一种举足轻重的人物。

而且,马云对优秀的技术和业务人员也是赞赏有加的,"不要觉得

CEO很了不起，也许CEO只是个Hero，但是某个业务骨干已经是Master了。马云也许在阿里巴巴很重要,但这个Master,他在中国互联网,甚至亚洲、世界互联网界,说话都有分量,比马云说话有分量得多。"的确,比如雅虎搜索引擎的发明人、现任阿里巴巴CTO(首席技术官)的吴炯,比如在GE(美国通用电气公司)工作了16年之后加入阿里巴巴的关明生,比如曾任雅虎中国总裁的曾鸣,他们在各自的技术、管理、学术领域,都要比马云优秀得多。

马云说,阿里巴巴永远可以容纳各种古里古怪的人,"有些人能干活不能管人,有些人能管人不能干活"。

学业上优秀的人才一定要做官吗? 能做官的人一定要学业优秀吗?从大处说,这关系到人力资源的优化组合与配置问题;往小处说,这是一个人生选择的关键问题。而马云这种让"官迷"和"学迷"都能看到希望的开放性用人政策,无疑给今天的创业团队的领导者们树立了一个典范。

干重活的人,干不了针线活;能让宇宙飞船升天的科学家,也干不了杀猪的行当。人都有自己的长处和不足,让每个人站在自己最擅长的位置上,企业才能形成最大的合力。

2.绩效管理,如何实现"投资于人"

在绩效管理这个工作上,管理者最大的抱怨莫过于"耽误时间、制造麻烦"。许多管理者之所以对绩效管理抱有成见,就是因为他们认为绩效管理人力资源部强加给他们的工作是额外的负担,使他们不得不中断手中的工作,去应付人力资源部的"差使",比如填表打分,比如划分等级、区分优劣,比如面谈反馈。

实际上,绩效管理并不是管理者的额外负担,相反,它根本就是管理者的职责所在,是分内的职责"担负"。另外,实施绩效管理也不像有些管理者想象的那样,耽误时间,制造麻烦;相反,它是帮助管理者更加高效工作的一种提前投资,说到底,它是企业投资于人的一个项目。

关于"投资于人",诺基亚的"IIP"计划做了很好的阐释。诺基亚为实施"以人为本"的薪酬项目,启动了名为"IIP"(Invest In People,投资于人)的计划。所谓"投资于人",即"每年要和员工完成两次高质量的交谈,一方面要对员工的业务表现进行评估,另一方面还要帮助员工认识自己的潜力,告诉他们特长在哪里,应该达到怎样的水平,以及某一岗位所需要的技能和应接受的培训"。

正如"IIP"计划所强调的那样,绩效管理实际上就是一个投资于人的管理活动,它以员工绩效的提高为出发点,以企业战略目标的实现为依托,通过经理与员工的双向沟通,达到员工和企业绩效共同提高的目的,使企业的战略目标得以实现,经营绩效得以提高和增长。

总的来看,管理者有以下几个方面的工作要做:

(1)认真解读企业的战略目标和年度经营计划

通常的情形是,当企业的战略目标和年度经营计划发到管理者手中的时候,他们要么直接放入文件筐,继续埋头于案头工作,要么只是简单浏览一下自己职责范围内的内容,而对其他方面一概不管。这两种情况都会导致战略目标和年度经营计划的使用效率下降,作用得不到充分的发挥。

如果你仔细观察,就会发现,许多企业的规章制度的待遇就是这个样子。往往规章制度的制定者热情很高,领导者的决心也很大,但最终完成后,却通常都是被束之高阁。

也许是长期以来管理者养成了听命行事的习惯,也许管理者根本就把战略目标和年度计划之类的文件当作规章制度，不愿意多加理会。于是，花费企业管理层大量心血的战略目标和年度经营计划在实施的过程中慢慢变形、变质，成了一堆废纸。

导致这种现象的根本原因就是沟通没有做好。当企业战略目标和年度经营计划制定完成以后，更重要的工作是如何被企业各个层面的管理者和员工理解，而不是立即行动。试想，如果理解都不够充分，管理者没有弄明白，你的行动策略怎么制定，管理者怎么去执行，又怎么会收到好的效果？

所以，充分地解读企业的战略目标和年度经营计划应该是管理者必须做而且必须做好的重要工作。通过解读，管理者要弄清楚几个问题：为完成企业战略和年度经营计划，本部门/团队承担的主要职责是什么？为完成这些职责，本部门/团队需要的资源和支持是什么？如何分解并向员工传达这些目标任务？为帮助员工实现目标，自己又该做哪些努力？

(2)重新定义员工的工作

在充分解读企业战略目标和年度计划之后，接下来要做的就是与员工一起重新界定他们的工作。

所谓重新定义员工的工作，是指在原有职位说明书的基础上，结合企业的战略和年度经营计划的要求，对员工的职位内容、职责权限做出合适的调整，一方面使员工的职责权限更加明确，另一方面丰富员工的工作内容，激励员工接受更加具有挑战性的工作，使员工的职业生涯更加丰富。

值得注意的是，职位说明书是拿来用的，不是拿来存档的。通常，管理者给员工定好职位说明书，按照人力资源部的规定和员工签字确认，之后就放到文件筐里，不再理会。这种做法显然是错误的，既然制定了最新的职位说明书，就要使用起来，而使用的最简单的方法就是将职位说明书放在案头，随时参阅。

这实际也就是职位的后续管理问题。判断管理者对职位的管理到位与否，就是要看管理者在管理员工的时候是否经常使用职位说明书，是否经常根据职位说明书的内容与员工沟通工作。所以，管理者一定要做好职位说明书的后续管理工作，把职位说明书用起来，并在使用的过程中不断修订和完善。

(3)帮助员工制定关键绩效指标(KPI)

"投资于人"，首先就是要告诉员工你对他的期望。而要做到这一点，最好的办法就是把员工未来一段时间的绩效目标——关键绩效指标告诉他们。这里，关键绩效指标既是管理者的期望表达，又是员工挑战自我、实现自我的愿望表达。所以，它应该是管理者和员工双向沟通并达成共识的结果。

这项工作成功与否，与前面两项工作有着紧密的联系。因为员工的关键绩效指标是对企业战略目标和年度经营计划的分解，同时，它也是对员工职位说明书的丰富和发展，二者必须同时具备，管理者才能够帮助员工制定出真实有效的绩效目标，才能真正帮助员工提高绩效能力，提升业绩水平，实现"投资于人"。

关键绩效指标也是管理者对员工进行考核以及与员工进行高质量沟通的必备文件，是他们之间的协定，其质量的高低决定了"投资于人"计划的成败，值得管理者付出较高的热情和较多的精力。

通常，管理者对制定关键绩效指标没有信心，比较犯难，原因是他们没有足够的能力制定出量化精确的绩效标准。这是可以理解的。但是，这又是管理者必须做好的工作，不能因为指标难以制定就放弃。如果你想提高自己的管理水平，想使自己的职业生涯获得提升，你就必须做而且必须做好这项工作。这会成为你区别于其他管理者的重要标志之一，值得你为之付出更多的时间和精力。

(4)辅导帮助员工提高绩效能力

确定关键绩效指标以后，管理者的工作并没有因为职责被员工分担而轻松,因为员工绩效目标的实现并不是他们自己的事情,而是管理者和员工共同的事情。员工绩效目标执行得好坏,与经理的辅导和支持密切相关。如果经理能够与员工保持密切的沟通,及时了解员工工作的进展情况,并能提供必要的辅导和帮助,那么,员工的能力就能不断得到提高,绩效目标就能够实现;反之,如果任由员工自己发挥,那么绩效目标将很可能偏离预定的方向,无法实现。

所以,为体现"投资于人"的管理理念,管理者应时刻关注员工绩效目标的执行状况,结合员工的具体情况对他们进行有针对性的辅导,提供必需的资源和领导支持,帮助他们清除前进过程中的障碍,创造一个积极和谐的工作环境,使员工在实现绩效目标的同时提高能力和技能,做好挑战更高目标的准备。

(5)考核员工的表现并及时反馈

在制定绩效目标的时候,与员工约定好完成日期,也就是考核期限。当约定时间到来的时候,管理者应及时对员工的绩效做出考核评价,并对员工进行反馈。

这里,考核应以帮助员工提高绩效为目的,把考核当成管理者和员工共同探讨成功和进步的机会。也就是说,考核的关注点应集中于员工做了哪些工作,这其中包括:哪些工作做得好,应该给予表扬和奖励;哪些工作还需要改进,然后提出改进计划。

(6)帮助员工制定绩效改进计划

制定绩效改进计划一方面是帮助员工提高能力,另一方面是为下一绩效周期做好准备,使人力资本的功能得到充分的发挥。

所以,当绩效反馈完成后,如果管理者和员工双方对员工存在的不足达成了共识,就要根据员工的特点制定有针对性的改进计划,以帮助员工在未来的时间内做得更好。

通过以上六个步骤,一个完整的绩效管理过程就得到了实现。在这个过程中,管理者作为员工的绩效合作伙伴,以"帮助者"和"支持者"的身份与员工一起,共同制定绩效目标,共同探讨成功的办法,共同分析实现目标的障碍和困难并排除之,最终实现"投资于人"的目的,使绩效管理落到实处。

3.优化流程,寻找新的管理视角

流程优化不仅仅指做正确的事,还包括如何正确地做这些事。

关键流程识别。

一个组织中往往存在大量的工作流程,我们在流程优化中不可能面面俱到,只能对组织的关键业务流程进行优化组合,以达到集中优势资源快速提升组织绩效的目标。

关键业务流程识别有以下几种方式:

(1)通过对制约组织的关键成功要素发挥的环节分析找出关键业务流程

每个企业的成功背后都有其关键成功因素。伴随着组织的不断发展、组织结构的变化,会不断产生影响流程运作效率提升的因素,可以通过对制约组织关键成功要素能力发挥的原因分析,确定关键业务流程。

(2)通过绩效重要性矩阵分析选择关键业务流程

绩效重要性矩阵是将组织绩效与流程选择直接挂钩的方法。提升组织绩效是流程优化的目标,选择何种流程进行优化,其考虑的首要因素是与组织绩效紧密相关的流程。如果流程表现欠佳,但对提高组织绩效非常重要,则需要首要考虑选择此维度的流程进行优化。在完成对关键业务流程的界定后,接下来的工作就是对关键业务流程进行分析。

流程问题的诊断。

绘制流程图是一种非常重要的分析流程现状的方法,有利于全面分析流程问题及其与目标绩效流程之间的差距。同时,还可以对流程相关岗位人员配以流程调研问卷形式,进一步掌握流程的实际运行状况。

通过对问卷调研结果的统计分析,可以得到解决各个方面的问题的一些信息,包括:程序文件与实际程序之间的差异、不同员工的方法差异、对流程的改进建议、对流程测评点和测评指标、需要记录的作业、流程改进中的障碍、实际时间和作业时间、优化流程所需要的资源支持及将采取的行动、时机和人员等。

在此基础上,我们接下来可以考虑这些问题:流程现状的关键制约因素是什么?流程中的关键控制要点是什么?部门及岗位职责是否需要进行调整?制度体系中如何进行相应的设计?如何设计符合业务特点的薪酬、考核制度来支撑?……

以上是从员工的角度考察分析现有流程的问题。同样,我们也可从客户需求、标杆企业的卓越流程、咨询顾问的经验及供应商流程评价等维度来改进流程。对客户的需求分析是业务流程分析的核心问题,当然,企业不能无限制满足客户的需求,必须考虑一系列内外部资源、政策等的约束条件。

通过业务流程的现状分析,最终需要明确几个问题:流程存在的主要问题什么?问题经常发生的环节有哪些?管理流程与业务流程是否协调?

流程优化。

在流程优化过程中,首先要从工作目标出发定义组织各岗位职责、相互关系及工作的协作关系,理清部门职能和各岗位职责,实现部门和岗位工作目标的可衡量性。

业务流程优化方法一般有如下几种方式:

(1)剔除或减少流程非增值活动

如过量生产/采购、活动等待时间、不必要的运输、重复的活动(反复的加工、检验)、跨部门的协调、过量的库存等。通过对以上活动的剔除优化,可以大幅度降低组织的运营成本,提高流程效率,从而提升对内外部客户的反应速度。

(2)在工作过程中设置质量检查机制

如对企业用以规避风险的关键点(财务预算流程)、企业用以强化控制的关键点及有利于提升客户满意度的关键环节,都可设置检查点或停止点,以确保组织的资产资金安全、产品质量合格,提升客户满意度。

(3)决策点尽可能靠近任务地点

在决策点和实际工作地之间的时间延迟会导致工作进程的停止,造成成本增加。部门之间的沟通、决策和问题的解决应在直接参与作业的岗位层面完成。传统的职能等级企业的工作协调模式是凡事汇报给部门主管,部门主管对具体问题的了解比基层人员少,反复的上下沟通可能会带来信息的失真。由部门主管进行沟通和解决问题的方式极易造成时间资源浪费,最好的方式是部门主管利用自己的经验给出适当的建议,而不是替基层人员做出决定。

(4)整合工作任务

例如,尽可能使同一个人完成一项完整的工作或让同一岗位承担多项工作,这样不但能提高员工的工作积极性和成就感,也能为实现对员工的绩效评估提供可衡量的依据。对流程中的任务进行整合,可以减少工作任务的交接次数、流程节点的等待时间,从而大大减少流程运营中的差错机会和扯皮现象,达到提升流程效率的目的。

(5)简化活动

优化组织内部过于复杂的表格、过于复杂的技术系统、过于专业化分工的程序、缺乏优化的物流系统及复杂的沟通形式,使以上各种活动更加简洁、快速、有效。

(6)流程任务的自动化

企业可以对流程中脏、累、险以及乏味的工作或流程及数据的采集与传输等工作实施系统改造,实现此类流程或任务的自动化。这样不但能够大大减少流程差错机会,提升流程效率,同时还能达到降低人工成本的目的。

4.整合财务战略,健全内部控制

社会主义市场经济体制的建立,使企业的经营观念和经营方式正在发生根本性的转变。企业要保证投入资本不断保值增值,就要强化企业内部财务管理,从而实现企业价值的最大化。想要提高企业内部财务管理水平,首先应该制定科学、完善的内部财务制度。

企业内部的财务管理制度建设,就是要按照国家的法律、法规及企业的规章制度,对企业进行依法治理、依章管理,并将企业内部形成的各类制度、标准和工作程序以企业立法建章的形式固定下来,作为规范企业组织行为的准则。

(1)完善财务管理制度建设

为了使企业财务管理工作有章可循,需要建立完善的财务管理制度。

①完善财务管理基本业务程序制度。包括明确资本金管理办法,负债的审批、登记、归还、计息的处理办法,应收账款的登记、核对、清理、保管制度,投资方案、投资项目的可行性分析程序,立项审批,管理考核制度,成本费用计算与分摊办法,费用开支审批程序,等等。还应明确货款结算办法,产品退回、折扣、折让的管理权限,目标利润的制定与管理办

法,营业外收支的管理制度和利润分配办法,等等。许多企业也建立了一些制度,但不够健全或不能切实执行下去,企业应结合自身实际制定完善的内部财务管理制度,并始终如一地贯彻执行。

②明确企业内部岗位责任制。依照公司章程和内部岗位责任制,明确划分公司中股东大会、董事会、厂长、财务部门和各职能部门的财务管理职权范围,实现财务管理的高效、有序运行。

③健全财产物资、货币资金收支的管理及清查盘点制度。制定各项财产物资的购入、收发、销售、盘盈、盘亏、毁损、报废的有关手续与管理制度,固定资产、低值易耗品、包装物等的使用、维护、修理制度,货币资金的收付手续和牵制制度,定期和不定期的财产盘存制度等。

(2)制定企业内部财务制度时应遵循一定的原则

①适合企业生产经营特点和管理要求的原则。不同企业的生产规模、经营方式和组织形式不尽相同,其财务活动的内容和方式也不可能完全一致。在制定企业内部财务制度时,不能盲目照搬照抄,只能借鉴吸收而不能简单模仿,既要遵循国家统一规定,又要充分考虑企业自身的生产经营特点和管理要求,使其具有较强的可操作性。凡是可以由企业进行选择的财务政策,企业应结合实际情况做出具体规定。

②合规性原则。合规性是指制定企业内部财务制度,必须符合国家的法律、法规和政策,必须把国家的法律、法规和政策体现到财务制度中去。国家的财经法规政策是企业必须遵循的原则规定,也是制约和引导企业制定内部财务制度的因素。

③效益性原则。制定内部财务制度是为了规范财务行为,保证财务目标的实现。制定的财务制度应简单明了,具有较强的可操作性。在制定财务制度时要考虑设计成本、运行成本与效益的关系,实现制度科学化、效益最大化。

④全面性原则。企业的财务活动贯穿于生产经营活动的全过程,财

务管理也必须是对全过程的管理。因此,企业在制定财务制度时必须全面规范各项财务活动,做出明确规定,使财务工作有章可循,形成一个相互补充、相互制约的财务制度体系。

⑤权、责、利相结合的原则。在组织企业财务活动和处理企业财务关系上,要贯彻以责任为中心、以权力为保证、以利益为手段的责任制。

完善企业内部财务制度,就要认识到企业内部财务管理多样化的特点。具体来说,企业内部财务管理有以下特点:

(1)财务管理环境多变性

财务管理环境又称理财环境,是指对企业财务活动产生影响作用的企业内外部的各种条件。在市场经济条件下,企业理财环境不是一成不变的,随着社会的不断发展,法律环境、金融市场环境及经济环境都在不断地发生变化。

(2)财务管理内容广泛性

在市场经济条件下,财务管理的内容包括筹资管理、投资管理、营运资金管理和收入及分配管理,还包括企业设立、合并、分立、改组、解散、破产的财务处理。随着企业经营和市场竞争主体的逐步确定,企业的筹资渠道更加广泛,筹资方式更加灵活多样,而企业投资面临复杂多变的投资环境和多种多样的风险,收益分配方式变得灵活,使企业财务管理内容更加广泛。

(3)目标多样性

企业的财务目标是价值最大化,而价值最大化是通过资金、成本、收入等财务指标体现出来的。财务管理目标与企业的总体目标必须科学合理地组织财务活动,达到各种财务关系协调发展,保证偿债能力,提高营运能力和盈利能力,维护各方利益。追求企业价值最大化目标是企业财务管理的主导目标,其他财务管理目标是辅助目标。企业内部财务管理在努力实现效益最大化这一主导目标的同时, 必须实现履行社会责任、加速企业成长、提高企业信誉等一系列辅助目标。

(4)财务管理工作综合性

企业管理在实行分工、分权的过程中形成一系列专门管理,而财务管理是企业综合性的管理工作。企业各方面生产经营活动的质量和效果,大都在资金营运活动中综合反映出来。因此,企业通过合理的组织资金活动可以实现企业经营活动财务管理的各项价值指标。

5.并购重组:让1+1>2

据世界著名的咨询公司麦肯锡、美世、科尔尼的研究:全世界每年都有近万例并购案件,但最终成功并带来效益的只有1/3,其原因就在于企业仅仅将工作的重点放在了前期的收购价格谈判、收购策略研究上,而忽略了并购后的整合工作。

企业并购是否成功,不直接表现在并购本身,而关键在于并购后的整合。收购成功只是并购成功的第一步,只是并购工作的开启,整合成功才是完整的并购成功。

然而,在现实的企业并购中,并不是所有的企业都把整合的重要性提到了足够的认识高度。许多企业在并购完成后并没有站在战略发展的高度对目标企业进行全面、系统的整合,因而也就没有取得整合成功,未能实现效益增长、竞争力提升以及企业价值的最大化,更没有真正带来1+1>2的结果。

美国在线(AOL)和时代华纳(TimeWarner)合并的本意是创建一家

世界级的通信和娱乐公司,却在几年时间里导致了美国并购史上最大的亏损(高达2000亿美元)。其原因就在于,两强相遇,彼此既缺乏信赖,更不愿屈就对方。缺乏接纳的心态,又怎么能有效融合呢?著名的晨星(Morning star)投资研究公司的研究报告指出:"时代华纳的雇员认为,他们来自美国在线的同事们太爱出风头、太激进,而美国在线的雇员则认为时代华纳的员工们骄纵、处事被动并且懒散。"

包括美国在线和时代华纳在内的每一家企业就像是一个有机的生命体,存在自然的排他性。任何一家能够生存的企业都会有一套比较独特的东西,而且这些特质往往有其合理性与先进性的一面,作为业内强者的企业尤其突出。

已经发生或将要发生的每一例并购,其实都是看中了对方积极或成功的一面。然而,越是强者,特点就越突出,排他性就越强,冲突在所难免,融合的难度自然也就越大。强强联手,两个独特的企业首先要面临的问题就是融合过程中如何接纳对方、避免冲突。

要获得整合成功,就必须继续扶持、壮大其积极或成功的一面,认同、容忍对方的特质。如果单纯地依靠行政命令推进融合,一味地强调、要求对方接受自己,最终的结果只能是"强扭的瓜不甜",貌合神离;强强联手却1+1<2,甚至1+1<1,更极端的结果是连"瓜"都没有了。

常言道,"胸怀有多大,事业有多大"。站在整体事业发展的高度,我们应该必须具备宽阔的胸怀。当我们学会欣赏对方的独特时,就意味着我们能有效避免冲突,整合也就有了成功的基础。

首先,学会尊重,摒弃潜在的错误意识。

联想并购IBM的PC事业部时,曾专门聘请著名的麦肯锡咨询公司进行兼容性调查,力求全面熟悉IBM的管理和文化。同时,双方的高层又坐到一张桌子前共同讨论对方的成功要素,用尊重和学习为整合扫清障碍。

所以,当我们具备了宽阔的胸怀和认同、容忍的心态后,还必须学会尊重,这样才能保证整合的顺利推进。

要学会尊重,我们就必须摒弃自己潜在的一些所谓的优势意识以及错误意识。

很多并购都是强强联手、优势互补。既然是强强联手,双方就都是强者,各有所长。所以,任何一方都不能老是一副盛气凌人的架势,抱着"吃与被吃"、"我是强者我说了算"的心态。这种心态下连平等都不可能,遑论尊重。而且,这种心态更容易滋生"老人与新人"的对立。

以尊重为前提,我们才能以学习的心态主动了解、熟悉对方所处的行业特性,学习对方的先进性,熟悉并尽快适应对方的管理风格、行为模式、价值取向,甚至他们的偏好。这样,才是对对方价值的充分肯定,才是尊重。而一个真心懂得尊重别人的人,一定能赢得别人的尊重。

其次,沟通,沟通,再沟通。

既然"强扭的瓜不甜",要避免"强扭",我们就必须施以充分的沟通,消除整合过程中的误解与对抗。

思科(Cisco)公司作为并购活动中的积极分子,先后数次横向并购取得成功,在颇多反思后的最终心得是一个返璞归真的结论:沟通决定成败。

既然沟通如此重要,那么,整合中该如何沟通呢?

其一,充分沟通,消除信息不对称。沟通既是双方互通信息的过程,也是彼此交流和增进感情的过程。对这一过程,人们常常以"通气"形容之。是的,气通了,才能顺畅;气顺了,才能心齐;心齐了,才可鼓劲;劲鼓起来了,才能一鼓作气,战而胜之。因此,应采取多种形式建立沟通渠道,保证各类信息在正式渠道中的畅通,让员工有机会清楚整个并购的大致情况,如股权的转让、未来的经营方向、可能的风险等。这样才能最大限度地减少整合过程中由于信息分布的不完全、不对称所引起的各类风险,降低摩擦成本,凝聚人心,积聚力量,增加整合成功的机会。

其二,及时沟通,第一时间消除隐患。通用电气财务公司提倡并购完成、整合开始时立即在员工中间搞一次48小时的闪电沟通,向他们解释合并所涉及的方方面面、基本原则、预计利润以及对生产力的影响。"沟通,沟通,再沟通"可以说是通用电气财务公司实施整合的前奏曲。及时沟通,才能在第一时间消除隐患。这方面,花旗银行曾经有过很失败的案例。他们在并购完成后,准备在9万人的基础上裁减9000人,却因为未能及时传达准确信息,结果造成了9万人都惶惶不可终日。

其三,坦诚沟通,确保信息真实、准确。坦诚是沟通的本质,也是人际交往的第一要则,只有双方坦诚地沟通,对方才能够知道彼此真实的感受,才可能做出积极的回应。韦尔奇先生在《赢》一书中说:"我一直都是'坦诚'二字强有力的拥护者。实际上,这个话题我给GE的听众们宣讲了足足20多年。但直到自己从GE退休以后,我才意识到自己低估了'坦诚精神'的罕见程度。"要做到坦诚沟通,就要尽可能用最短的时间、最简约的方式,传达最真实、准确的信息。思科在并购后会马上向被并购企业的员工发放一份贴心的文件夹,内有新企业拥有者的基本信息,思科高层经理的电话号码、电子邮件地址,还有一份8页的图表,用来比较两个企业的假期、退休、保险等福利待遇有什么不同。

再次,面对发展与双赢。

前面谈到了"宽阔的胸怀"和"认同、容忍的心态"以及"充分、及时、坦诚的沟通",这些都是整合的前提和基础,如果能同时具备,就能为整合工作搭建一个良好的平台。

然而,整合无定式。并购整合由于涉及企业自身的特点、行业属性,所以没有一个统一的标准、模式,需要根据并购双方的实际情况进行自我摸索与自我寻找。

既然需要自我摸索与自我寻找,那么在整合过程中必然要面临各种选择,也不可避免地会出现各种正常的争执。

因此,我们必须确立一个整合工作的基本指导原则和评判标准,指导我们选择、借鉴整合模式,以及整合过程中的具体决策、策略选择,同时评判、解决整合中可能出现的正常争执。

我们认为,最终的指导原则和评判标准只能是"发展与双赢"。

2002年的5月8日,惠普公司与康柏公司正式合并。在双方的共同努力下,新惠普在合并后的一年里取得了令人满意的成绩。通过这次合并,新惠普变得更强大、更成功、更高效、更赚钱。

在2003年5月21日惠普的第二财季(2003年2月1日至2003年4月30日)财务报告中显示,惠普营业额达到了180亿美元,持续增长1%,其中,打印及成像集团营业额为55亿美元,比去年同期增长13%。在5月21日当天,惠普的股票逆市上扬。

业绩说明了一切,也让几乎所有关于惠普与康柏合并能否成功的猜测、质疑都烟消云散。

合并前,惠普在公众面前展现得更多的是一副稳重的面孔;合并后的"新惠普"在"老惠普"原有的"稳重、稳定"的基础上吸收了"新"康柏的"速度""灵活"等新元素,融合成了新的核心竞争优势:开放式的商业模式、紧密的合作伙伴关系和全面客户体验;并呈现出更加巨大的规模以及市场影响力。

2005年,作为长期竞争对手的阿里巴巴和雅虎(中国)成功并购,涉及金额超过10亿美元,专家称此次并购将改写中国互联网历史。在随后的整合工作中,马云亲自坐镇指挥,并一再强调,要产生1+1>2的并购收益,就必须"稳定压倒一切",必须以发展与双赢的原则留住对方经验丰富的优秀员工。

"双赢"强调的是双方的利益兼顾。如果整合损害了对方的利益,那整合就失去了原本的意义。强强联手是为了共同把蛋糕做得更大;整合是为了把蛋糕做得更香。

以"双赢"为原则,才能求同存异,迅速达成共识,而不是去争辩和在乎这是谁提出的。只有这样,才能有效消除双方误解,避免冲突,提升整合效率及整合效益。

最后,整合需要"艺术"。

我们不能想当然地认为具有了宽阔的胸怀、充分的沟通和发展与双赢的指导原则,就能保证整合一定成功。管理是门艺术,要把两个独特的企业融合到一起,要把两个不同气质的组织捏合到一块,更需要整合的艺术。

秉承管理大师彼得·德鲁克的教诲,我们不仅要"做正确的事",还要"正确地做事"。

正因为条条大路通罗马,有时两点之间不一定是"直线最短",也许曲线迂回更能达成目标、提高效率。众多成功的整合案例也提示我们,整合推进中还必须注重各种"度"的把握:掌握、控制好整合节奏,避免过于急躁或过于拖沓导致的对立甚至抵抗。整合中始终以发展为指导,以事实为依据,因地制宜,甚至是"量身定制",允许一些特例的存在。

根据对方的行业特点、管理风格,选择他们乐于接受的方式、方法,而不是简单套用惯有的方式、方法。各项政策的执行过程中,必须注重时机的选择以及语言的艺术。整合是一个充满艰辛、长期的、反复的过程,坚韧是面对困难的唯一武器。

此外,在具体的执行过程中,我们还应力求避免以下错误:

忌"钦差大臣":不分青红皂白,狐假虎威,恃强凌弱;

忌"生吞活剥":自己没有融会贯通、吃透政策,却总给对方做解释,结果自相矛盾;

忌"闭目塞听":不注意收集执行过程中的各种意见,或听到后也不及时反馈给决策者;

忌"守株待兔":仅凭以往经验办事。

综上所述,成功的整合是让两个具有独特特质的企业完整融合并最终创造更大的价值。这是一个充满艰辛、曲折的长期过程,我们要有足够的认识和准备:具备宽阔的胸怀和容忍的心态;学会在尊重的基础上了解、熟悉、接纳对方;充分、及时、坦诚的沟通贯穿始终;始终坚持"发展与双赢"的原则;学会"艺术"的手法。

6.促进并购双方的文化融合

企业应当重视并购重组后的企业文化建设,平等对待被并购方的员工,促进并购双方的文化融合。

(1)企业文化整合,并购成败最后一道难关

随着产业竞争的深入和经济全球化趋势的进一步加强,并购重组成为了诸多企业优化资产配置、扩大规模的常用手段。但是,并购重组的实质并不是一个简单的股权、资产的更替和叠加,而是将不同的企业联合在一起,运用各方的优势资源,实现并购后企业的优化整合、提高生产效益的过程。因此,企业必须认识到,并购交易的完成并不表示并购的成功,很多原因都会导致并购失败,而其中一个十分重要的原因就是并购后双方企业文化整合的问题。

(2)文化融合影响并购的成败

近几年,国内外企业间并购重组涉及的行业、区域和规模都不断扩

大,收购兼并浪潮风起云涌,而在这众多的并购案例中,真正取得成功的比例并不高。据仁达方略管理咨询公司董事长助理黎亮称,从理论上讲,通过兼并与收购后的重组和整合,把组织系统、运行程序和操作步骤等有机地结合起来,有助于集中资源,产生协同效应,提高效率和节约成本。但是,金融家们和并购热情高涨的经理却容易忘掉一点:企业目标的实现是由人来完成的。如何协调人与事之间的关系,如何发挥来自具有不同文化背景的员工的积极性和团队精神,是摆在并购整合中的一个难题。

(3)并购中文化冲突的成因与根源

在经济全球化分工与合作的大潮中,企业并购在不同类型、不同领域、不同地域的企业中频繁发生。而不同的文化背景、语言与习俗会形成不同的文化态度和感性认识,还会造成沟通上的误会。黎亮表示,对于跨文化背景下的企业来说,导致文化冲突的诱因除了霍夫斯塔德所说的个人主义与集体主义、权力距离、回避不确定性、男子气概/女性气质、短期目标与长期目标等五个方面以外,还包括价值观的不同、文化交融性、思维方式上的差异、定型观念、经营环境的复杂性、管理方式、种族优越感、沟通障碍、判断效果的标准和宗教信仰、商务禁忌、风俗习惯等。而深究企业文化冲突的根源,则在于战略目标、资源禀赋和利益的矛盾。

首先,并购中导致企业文化冲突的首要原因是对战略目标的不认同。企业目标往往是组织的创始人及其领导者个人梦想和追求的体现,而组织成员由于各自文化背景、工作岗位、学历、性别等的不同,对目标的关注、理解和认知水平是不同的。有人无法理解,甚至反对,还有人采取消极盲从的态度,从而表现为人们对企业所倡导的价值、规范等的抗拒和冲突。

其次,组织成员各自资源禀赋的不同是导致企业文化冲突的另一个原因,这种文化冲突多表现在规模相当的两家或多家企业的合并重组、合资与合作中。大家走到一起,必然是要寻求一种价值增值,整合双方的资源,实现整体利益的最大化。然而,人性的弱点往往会在这个时候显露出来。合作参与者是否真诚地贡献出自己所拥有的特殊的资源禀赋,一定程度上决定了合作的成功或者破裂。

另外,各自对不同利益的追逐也会导致文化上的冲突。并购中,组织成员一旦加入某一组织,总体来说,他们对组织目标及其行为准则是接受的,有时虽然不理解,但屈就于该组织所能带来的种种好处和利益,也会遵守组织的价值准则。然而,人性的贪婪很少有人能够克服,由此导致的合作者之间的利益冲突往往表现为文化的冲突。

企业需要在战略目标、资源禀赋和利益之间寻找平衡。战略目标是一致的,资源禀赋上是平衡的,但各自利益不一致,也会发生冲突;战略目标一致,利益相同,但各自所拥有的资源禀赋无法取得平衡,冲突仍然会发生;利益相同,资源禀赋取得平衡,但对战略目标的认识不同,也无法实现合作。

(4)从文化整合到文化融合

企业文化融合是指通过对购并双方企业文化的提炼,结合现有企业的发展战略和具体情况,建立一种最适合企业发展的企业文化的活动过程。在企业文化融合的管理中,成功的企业一般都坚持求大同存小异的原则,在使命、愿景与价值观方面建立彼此之间的相互信任,特别是合并公司的领导要通过实际行动来取得公司核心团队的信任。这需要领导者在主观上重视企业文化因素,并想办法了解各自原有团队的企业文化,然后在组织结构、制度和流程方面进行适度的变革。

并购企业文化整合管理中的七个关键步骤:

(1)领导要高度重视和积极推动;

(2)评估合并双方企业文化的历史与现状;

(3)着眼未来,规划企业文化整合和建设战略;

(4)进行企业文化现状与预期的差距分析;

(5)设计必要的组织变革方案;

(6)对企业文化进行适时监控;

(7)持续就价值观等问题进行沟通。

其中,(1)~(4)是企业文化整合前要做的工作;(5)是企业文化整合中要花大力气做的工作,第五步中,各方案的合理性与可操作性很大程度上关系到企业文化整合工作最终的成败;(6)和(7)是在整合后必须要持续进行的工作。

七大步骤,环环相扣,每一步都十分重要,操作起来需要庞杂的知识、经验和技巧,以及作为积极并购者本身的直觉。经过这些步骤的实施,通过文化整合去实现文化融合。

在企业并购过程中,企业各成员单位原来各不相同的企业文化共处于一个新的环境之中,经过冲突与选择的互动过程,必然会发生内容和形式的变化。

一般来说,新的文化会以原有的优势文化为基础,吸收异质文化中的某些优良成分,重塑企业文化。经过整合,新的文化既保留了原有好的特质,又从异质文化中吸收了一些新的特质,再经过一段时间的文化融合,最终形成一种新的企业文化体系。

也可以说,企业并购后的文化整合与融合是以原有企业文化为基础,通过扬弃、创新、再造和重塑,最终形成符合企业变化和发展的新文化的过程。

一个企业是否具备深刻鲜明并持续坚守的文化,决定了企业本身的能力及发展前景。企业并购的目的是获得优质资产、资源或者能力,由此让企业更具生命力。